スサノオと行く
生と死の女神、
菊理媛を巡る旅

荒川祐二

亡き大切な人の魂は、
一体どこに向かうのか？

僕はその答えを知りたくて、
「生と死を司る」と言われている、
伝説の女神を巡る旅に出た。

はじめに

皆様はじめましての方も、そうでない方も、こんにちは。

皆様の人生で不思議なことが、起きたことなどありますでしょうか？

僕にはありました。

それは2017年4月28日。

本を出しても売れない。

次の作品のアイディアのために、細々と『古事記』や日本の神さまのことに関するブログを書いていても、1日のアクセスが50〜100もない。

そんなうだつの上がらない作家だった僕のもとに、ある日「強力な神さま」がやってきたのです。

その神さまは、いきなり僕の家に現れるなり、

不躾(ぶしつけ)にこう言いました。

自分のことを「イケメン爆発」と称する、その神の名は「スサノオノミコト」。
そう。
あの最高神アマテラス、月読と並んで「伝説の三貴神」と呼ばれる神が、本物か偽物かわかりませんが、突如として僕の家にやってきて、棲みついたのです。
そこから始まったスサノオさんとの日々は、奇跡、奇跡、また奇跡の連続でした。
スサノオさんの様々な教えに従い、それを実践していく日々をブログに書き続けていけば、みるみるうちにブログのアクセスが急上昇。
1日50〜100しかなかったアクセスが、たった数か月で1日5000を超すようになり、1万を超し、2万を超し、やがて1日最高5万アクセスを記録するようになり、月間のアクセスでは100万を超すようになりました。
そしてその勢いに乗ってスサノオさんたちとともに、2017年夏に、アマテラスさんや月読さん、オオクニヌシさんをはじめ、古事記ゆかりの日本の神さまたちを巡る旅を行い、その物語が前作『神さまと友達になる旅』として、書籍にもなりました。
この物語は、その前々作『神さまと友達になる旅』、そして同じように伝説の女神を巡った、前作『スサノオと行く 瀬織津姫、謎解きの旅』に続く、日本の神さまを巡る旅の第三弾。
「菊理媛」という、生と死を司るといわれている、伝説の女神を巡る旅です。人と神の歴史が交錯する、時空を超えた旅を、どうぞお楽しみください。

荒川祐二

目次

- (3) はじめに
- (11) 0話目　新たなる旅の始まり
- (17) 1話目　新たなる仲間☆
- (29) 2話目　謎多き女神ククリヒメ？
- (37) 3話目　たった二行の女神
- (46) 4話目　伝説の神の別れ
- (53) 5話目　閲覧注意！
- (63) 6話目　黄泉の国の魔物
- (75) 7話目　黄泉守人の出現

- 83　8話目　荒川祐二、穢れる
- 93　9話目　瀬織津姫の登場
- 107　10話目　菊理媛の風
- 117　11話目　生と死を司る女神とは
- 126　12話目　白き山の女神
- 135　13話目　伝説の男、再び
- 144　14話目　八百万の神々と共に
- 153　15話目　ニギハヤヒが語る闇
- 165　16話目　天武天皇に会う

174	17話目	ミッチーの登場
182	18話目	伝説を作った男
191	19話目	天武伝説
199	20話目	血の穢れの始まり
210	21話目	血の穢れの答えを求めて…
216	22話目	勇者 泰澄の誕生
230	23話目	次、生まれ変わるなら…
239	24話目	白山に来たれ
245	25話目	いざ、白山へ

- 258 　26話目　白山比咩神社で感じた不安
- 267 　27話目　勇者 泰澄、現る
- 285 　28話目　勇者 泰澄との対話
- 294 　29話目　魂は永遠に
- 321 　30話目　閻魔大王と地獄の正体
- 334 　31話目　天武天皇の鎮魂
- 354 　32話目　いざ黄泉の国へ
- 365 　33話目　イザナギとイザナミの和解
- 388 　最終話　永遠の祝福を

0話目　新たなる旅の始まり

…また、同じ夢を見た。
父が元気に、家のリビングで、ニコニコと笑っている姿。
その姿を見るたびに、「よかった！　お父さん生きていたんだ!!」と思い、そう思った瞬間に、目が覚める。

そうしてしばらくして、「夢」であったことを認識して、少しずつ癒えてきたはずの痛みが、ぶり返されていく。

…この4月14日。僕は最愛の父を亡くした。

長きにわたり病を患っていたとはいえ、また入院中もできる限りを尽くし、後悔のないように親孝行もしてきたとはいえ、それでもやはり、父の亡くなった時の年齢が66歳とまだ早かったからか、今でも日常の隙間に、ふと、思ってしまうのだ。
「もっと何とか、できなかったのか」と。

「どうしようもなかった」と、頭で理解はしていても、亡くした存在が、愛した人であればあるほどに、大切であればあるほどに思いは募り、何とか気持ちを整理しようという思いと相反するように、様々な思いがこの胸をよぎっていく。

…この日僕は、
父のお墓参りに来た。

父の墓前で、生前の姿を思えば思うほど、今更どうしようもない現実の壁に打ちのめされ、結局この悲しみと後悔が癒えるには、時間の経過だけに頼らざるを得ないのか。誰もが必ずぶつかる「死」という現実に、様々な思いが脳裏を駆け巡る中、ここのところ僕はいつも同じことを考えている。

「一体、父の魂はどこに行ったのか？」と。

天国と地獄、生と死、高天原と黄泉の国、魂というものがあるのかないのか、生まれ変わりや輪廻転生…。
「生と死」というテーマは、この何千年に於いて、多くの人々がその疑問の解明に挑み、未だ明確な答えが得られずにいる。
とはいえ、死後の世界というものを、生きている人間が体験することは、実質不可能なことであり答えのないものに、答えを求めることは、ある意味、無意味なことなのかもしれない。
それでも僕は、知りたいのだ。この命の行く末を、この魂の行き先を。
そう考えていたその時に、僕が出会った神の名が…。
「菊理媛」。
『古事記』と並ぶ、もう一つの日本神話『日本書紀』。

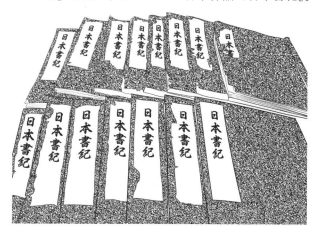

その『日本書紀』にのみ、その名を記すと言われている伝説の女神は、一説によると、「生まれ変わりの女神」とも、「生と死を司る女神」とも言われている。
この女神の正体を知ることが、ある意味、今僕が、そして多くの人々が抱える、「魂の行き先」という疑問に、何かしらの答えを出すことに繋がるのかもしれない。
神さまの明るさ、楽しさ、そして温かさを知った、昨年夏の、『スサノオと日本の神を巡る旅』。

0話目　新たなる旅の始まり

時空を超えて、人と神の愛と歴史が交錯した、『スサノオと瀬織津姫を巡る旅』。

その二つの旅に続くことになったこの、『スサノオと菊理媛を巡る旅』。
「生と死の意味を知る」という、壮大なテーマと共に、新たなる魂の物語が、今、始まる。

1話目 新たなる仲間☆

今日僕らは埼玉県は秩父にある、三峯神社に来た。

目的は、次の『スサノオと菊理媛を巡る』旅の、出発に向けて、

旅の道中で僕の身の回りの守護や、トラブルや事故、魔の物や悪霊からの災難に巻き込まれないための、身辺警護をしてくれている、心強い味方、眷属(神の使い)『影狼』を、改めてお借りする、「眷属拝借」の儀式を受けるため。

思えば昨年、こちらで影狼をお借りして以来、この一年僕は、結構無茶な旅をし続けてきたにも関わらず、事故や怪我、トラブルに巻き込まれることが、まったくと言っていいほどなかった。

そう思えば、本当に影狼、そして三峯の神さまたちには、感謝をしてもしきれない。

ただ「眷属拝借」の期間は、大体の目安として、一年。
その一年がもう、来月に迫っていたのだ。

1話目 新たなる仲間☆

手続きを済ませて、本殿内でのご祈願を受け、新たなる札を授かる。
そしてその後、影狼にもっと、快適に過ごしてもらおうと思い、影狼の札を収める、専用の木箱（御眷属箱）も、改めて授かり直した。

あ　ふぅ…これで改めて、影狼がもう一年、いてくれることになりましたね。影狼、改めてよろしくね

あ　ん？　どうしたの？
ス　嬉しい報告がある
あ　なんでしょう？
ス　影狼が期間限定でなく、これからもずっとお前に、ついてくれるってよ
あ　マジ⁉⁉

あ　なんで⁉　なんで⁉　どうして⁉⁉　普通「眷属」って、期間限定でお借りするものなんじゃないの⁉
ス　前も言ったことあると思うけど、こういうことは、な

いことはない。「眷属拝借」を経て、期間限定で付き従う中で、眷属自身が、「もっと一緒にいたい」と思ったとき、「この主人なら」と思わせられるとき、そういうときに極々稀に、眷属が三峯の地を離れて、付き従ってくれることもある

あ　まさか…影狼が僕に、そう思ってくれたってことですか…？

いや、別にそういう訳ではないけども。

あ　ズコーッ!!
ス　（笑）まぁどうにも影狼も、放っておかれへんのちゃうか（笑）。お前たまにまだ、危なっかしいことするし
あ　そ、そんな理由で、良いのでしょうか？
ス　まぁでもきちんと、三峯の山の神に、許可を取らないとあかんよ。今から行くぞ
あ　？

…そうして僕らが向かったのは、三峯神社本殿から少し離れた、小道を歩いた先にある「御仮屋」。

ここは三峯神社に棲まう、眷属たちのお社とされている。僕らがそこに着くと、影狼が拝殿の中に入り、何やら誰かと話しているような様子に変わった。
そして…？
ス　よかったな
あ　？
ス　許しを得たようやで

スサノオさんがそう言うと、影狼はこれまでよりも、輝きを増した状態と、力強い足取りで、僕らの方へと戻ってきた。

1話目　新たなる仲間☆

あ　い、一体何が、決め手だったんでしょうか？
ス　ん～、まぁ三峯の神も俺たちがやろうとしていることに、多少は賛同してくれたってことちゃう？「人と神の距離を縮めていく」という、俺たちの見据える未来に。そのために、影狼の力を存分に使ってくれていいって、ことちゃうかな

スサノオさんがそう言うと、影狼はその言葉に大きく、深く頷いた。

あ　そっか…。影狼…、ありがとう…。ありがとう…
ス　もっと言うなら、これから俺たちが行く菊理媛の旅は、生と死の意味を巡る旅。ということは、やはり危険な所や、時に油断をしていると、危害を加えてくる存在の棲まう場所へと行く機会も、増えてくるやろう。ってことでそんなお前に、山の神から更なるプレゼントや
あ　…？

…。
……。
………。
…………。

あ　え!?!?

何とそこには、影狼よりも一回り小さい、女の子？の狼が、姿を現した。

あ　え!?　え!?!?　こ、これは!?!?

突然の事態に困惑する僕に、スサノオさんが言う。

ス　責任を持ってしっかり、これからの未来を歩いていけ。これだけ多くの神々が、力を貸してくれるんやから。誠実な心を忘れず、信じた道へまっすぐに。後世に確かな足跡を残していける未来のために、強く、大きく、これからの未来を歩んでいけ。影狼だけでなく、もう一柱眷属を貸し

てくれるということは、お前に期待してくれているということや。ただ、影狼が本格的にこっちに来てくれるとしても、ご挨拶や日々の御礼という「筋」として、必ず年に一回は、「眷属拝借」の儀を受けることを、欠かしたらあかんで

あ あ…ありがとうござい…ます…。何だかもう…言葉が出なくて…

僕がそう言うと、そのもう一柱の女の子？　の眷属は、僕の方へと近寄り、足下へとピタリと付き従った。

あ ちなみに、この子は影狼の？　まさか…恋人…？

あ&ス マジかよ⁉⁉
あ な、名前は⁉　名前は⁉
ス いや、それはお前が決めろ（笑）。影狼も元はと言えば、名前を付けたのも俺たちやねんから
あ あ、そっか。そうでしたね…。じゃ、じゃあ…

…そうして、考えること５分。…僕が出した名前は？

あ　「陽向(ひなた)」でどうでしょうか？

ス　お前ハゲてる割には、良いセンスしてるやんけ（笑）。ちなみに、何でその名前？

あ　やっぱり影狼が「影」なので、陰陽の法則じゃないですけど、この子には「陽」という字を、入れたいかなと思って。後はやっぱり、小春みたいに、これからたくさんの人にかわいがってもらえる名前が、いいかなと思って。「ひなた」ちゃんだと、呼びやすいかなって

1話目　新たなる仲間☆

ス　そうか！　改めて、良い名前や！　ってことで『ひなた』、これからよろしくな！

…こうして僕らに、また新たな仲間が加わった。喜びとこれからの未来への、希望を胸に、僕らは新たなる未来へと歩いていく。

ス　あ！　ちなみに！
あ　なんでしょう？
ス　せっかく女の子やねんから、可愛くしてあげないとな
あ　？

そう言うと、スサノオさんは、あるものを取り出して、ひなたの頭に付けた。

ひなた　…？
ス　これでバッチリや

旅の仲間に、初めての女の子が加わりました☆

2話目 謎多き女神 ククリヒメ？

「生と死を司る」と言われている、新たなる伝説の女神を巡る、僕らの旅が始まった。

古事記と並ぶもう一つの日本神話、『日本書紀』にのみ、その名を記すと言われている、その女神の名は、「菊理媛」。

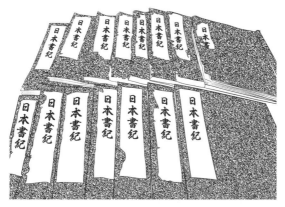

これからこの謎多き女神を巡る旅に、出ることになるのだが、そもそも現段階での僕は、菊理媛のことを何もわからない。

僕は、「生と死を司る女神」、「生まれ変わりの女神」といったものの、少し菊理媛のご利益を調べただけでも五穀豊穣、牛馬安産、縁結び、安産・育児、命名、生業繁栄、家内安全、除災、開運招福、商売繁盛、交通安全、入試合格…。

また時には、歯の神さまであったり、海外旅行安全の神さまであったり、火伏の神さまであったり…。ご神徳の多さは、その神さまの神威の強さを表しているというが、それにしても、いまいち一定しない。

天照大神さんや瀬織津姫さんという、これまでの神々に比べて、菊理媛は情報が圧倒的に少ない上に、まだ僕自身が、こんな程度の知識の状態では、正直に言うと、菊理媛が「謎多き女神」と言っても、何が謎なのかもわかっていなければ、「何がわからないかも、わかっていない」。
そんな状態である。そんな時は、とりあえず動いてみる。その場の空気を、感じてみる。そこから見えてくるものが、あるのかもしれない。
そう思った僕は、どこかに菊理媛が祀られている神社がないか探してみた。
すると、あった。
実家から車で行ける範囲にあった、その神社の名は「白山神社」。

誰もが一度は、その名を聞いたことがあるのではないだろうか？　僕はな…

2話目 謎多き女神 ククリヒメ？

ス 嘘つけ、ドアホ

あ （笑）いや、変な言い方ですけど、神社ってこういうこと、多いですよね。色んな神社に行く中で、絶対に何度も目にしていて、これまでまったく気にかけてこなかったのに、ある時急に、その神社やご祭神が気になりだすって

ス まぁそれが、「縁」ってやつやわな。あんまり好きな言い方じゃないけど、人によっては、「呼ばれてる」ってやつ。決して特別に選ばれた、とかではなく、今この瞬間、このタイミングで、そこの神社に行き、そこのご祭神に出会う必要があるから、導かれるように、流れが出来ていく

あ それが僕にとっては、「今」、ということなんですね…

そんな神の采配の不思議を感じ、本殿で心静かに、参拝。

ペコリ、ペコリ、パンパン、ペコリ。(二礼二拍手一礼)

あ …まぁもちろんのこと、今菊理媛さんが、現れてくれるわけもないですよね…

ス まだ菊理媛に対するお前の理解が、まったくない状態やからな。
今更やけど、神はこの世に存在する、無限のエネルギー体であり、俺もそうやけど、そのエネルギー体が、お前(荒川祐二)というフィルターを通して、こうしてこの世に現

れている。

フィルターであるお前に、その神に対する正しい知識が無かったら、伝えるメッセージもずれていくし、見せる姿も変わってしまう。まぁ今のような状態では、現れてはくれんわな

あ　…僕は今、菊理媛の何が、わかっていないのでしょう？

ス　そのアホな質問してる時点で、あかんから（笑）

そう思うのであれば、まずはどれだけ小さな手がかりからでもいいから、糸口を探ってみる。例えばこれ、見てみ

あ　…？　由緒書き…？

ス　そう。そこに小さく何て書いてある？

あ 大阪府の天然記念物は、イチョウ

ス そこちゃうわ、ドアホ(笑)。右じゃ、右
あ (笑)…右?

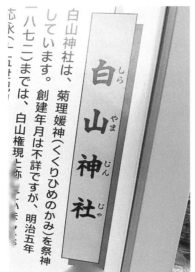

白山神社は、菊理媛神(くくりひめのかみ)を祭神としています。創建年月は不詳ですが、明治五年(一八七二)までは、白山権現と称していました。

2話目　謎多き女神　ククリヒメ？

あ　「白山神社は、菊理媛神を、祭神としています」…。
　　ん？「ククリヒメ」？「きくりひめ」？
ス　そう。こうして現地に来て見えた、小さな一つ一つから、糸を手繰り寄せていくように、しっかり進めていけ。今日はこれ以上、俺からは何も言わん
あ　………。（きくりひめ？　ククリヒメ？　呼び方の違いはなぜ…？）

…。
……。
………。
…………。

…神の世界は未だ謎が多く、見る人、見る角度によって、様々に姿を変えていく。
でもそこに、自分なりに疑問を持ち、「自分軸」というフィルターを通して、ある種の答えを導き出していくことは、人と神が共に歩んでいく、未来に於いて、重要なこととなる。
知らないことを、知らないままで終わらせるのではなく、聞いたものを、聞いたままに、ただ鵜呑みにするのではなく、自分なりの神というものの答えをもって、その存在に敬意をもちながらも依存せず、されど畏まり過ぎずに、愛をもって、真正面から神と向き合う。
それが、「八百万の神々」と共に歩む道。

参拝を終えて、白山神社の境内を出る時のこと。ふとどこかから、声が聴こえてきたような気がした。

「大丈夫」と。

3話目　たった二行の女神

また、夢を見た。今日見た夢は、今までと変わっていた。
場所は先日開催した、父のお別れ会の場所だった。

会場全体から聴こえる、すすり泣く声。その中心に座る僕。
その時僕は、まっすぐに父の遺影を見つめ、ただ、ただ、涙を流していた。
そうして、目が覚めた。
枕元には、夢で流した分と同じだけの涙の痕があった。
どうして夢の中身が、変わりはじめたのか？
その答えはまだわからないけど、変化していく感情と夢の軌跡を眺めながら、この日も僕らは旅に出る。
僕らは大阪から、車であるところへと向かっていた。

あ 運転中だから、あぶないよ

ス で、俺、俺、俺が、昨日教えてあげた、「きくりひめ」と「ククリヒメ」の、違いはわかったんかいな？

白山神社は、菊理媛神（くくりひめのかみ）を祭神しています。創建年月は不詳ですが、明治五年（一八七二）までは、白山権現と称していました

あ 直接的にわかったわけではないのですが、「ククリヒメ」の語源を調べていて、「あること」がわかりました

ス 「あること」？

あ 「ククリヒメ」の語源は、『日本書紀』に於いて、菊理媛が登場するシーンにあります

ス ふむふむ

あ 『日本書紀』というのは、何度も申し上げているとおり、『古事記』と並ぶ、もう一つの日本神話です。ただ内容は、ほぼ同じです

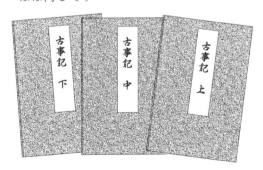

あ 『古事記』が作られた意図が、この国のあらましを記すと同時に、国内向けに天武天皇はじめ、皇統の正当性を証明する意図が多少でもあったのに対して『日本書紀』は、海外向けに日本という国の、歴史のあらましを主張するために作られたという意図があったといいます。そのため、『古事記』と『日本書紀』の物語の大筋に大差はありませんが、多少の差異はあります。その「差異」の一つが、『日本書紀』にだけ現れる、菊理媛の物語…

ス ………

あ 菊理媛がその姿を現すのは、『日本書紀』の中の、イザナギさんとイザナミさんの物語…

ス ………

あ 神産みの過程で、火の神「カグツチ」を産んだことで、大火傷を負い、死んでしまったイザナミさんを悲しみ、黄泉の国まで追っていってしまったイザナギさんだったが、その変わり果てた妻の姿を見て、イザナギさんは逃げ出してしまう。

3話目　たった二行の女神

しかし、激怒して追いかけてきたイザナミさんに、黄泉の国の入り口（黄泉比良坂(よもつひらさか)）で追いつかれ、口論となってしまった

ス　…まぁ有名な話やわな…
あ　ここからです。『古事記』にはなくて、『日本書紀』にだけある菊理媛が唯一、その名を現す物語は…。その物語を僕なりに、解釈して説明させていただくと…

□■□■□

イザナギとイザナミが、黄泉比良坂で争ったとき、イザナギが、「私が妻を悲しみ慕ったのは、私が弱かったからだ」と言った。
この時突然、黄泉の国の護り神、泉守道者(よもつちもりびと)が、イザナギの前に現れて言った。
イザナミ様からのお言葉があります。「私はあなたと、すでに国を産みました。なぜにこれ以上を求めるのでしょうか。私はこの国に留まりますので、ご一緒には還れません」と。
□■□■□

あ　「この次」です。菊理媛が、その姿を神話の中に現します

□■□■□

次にイザナギの前に現れた「菊理媛」という神が、イザナギに「何か」を言った。

イザナギはこの言葉を聞いて、頷き、深く納得し、菊理媛をほめられた。

そしてイザナギは、その場を去っていった。

□■□■□

あ　これを読んだ瞬間に、思ったんです…。「こんなことがあるのか？」って…

ス　「こんなこと」って、なにがや？

あ　だって神話の中での記載が、「何かを言った」ですよ。しかもその「何か」の、何を言ったかが、どこを調べても載っていない。もっと言うなら、菊理媛が姿を現すのは、『日本書紀』の原文で表すなら、たったこの二行だけです

3話目　たった二行の女神

□■□■□
是時、菊理媛神亦有白事。
伊奘諾尊聞而善之。乃散去矣。
□■□■□

あ　この「たった２行の言葉」以降、菊理媛は神話の中にも、まったく姿を現しません。
　でも菊理媛をご祭神として祀る『白山神社』は、全国に約2700社もあります。
　それだけの数を誇る女神なのに、誰も、その正体を知らない…。
　謎があまりにも深すぎて…

ス　………

あ　今わかっていることは、「ククリヒメ」という言葉の語源は、一説によると、この時菊理媛が、イザナギとイザナミの間を取り持った（縁を括る）のではないか、というところから来ているらしい、ということだけです。
　それ以外のことはまだ、まったく何もわかりません…。だから当事者でもある、イザナギさんに、お話を聞いてみようと思って…

ス　それもあっての今日の、伊弉諾（いざなぎ）神宮か…

あ　…はい

…スサノオさんと会話をしているうちに、車は目的地である、「伊弉諾神宮」へ。

菊理媛はイザナギに、一体、何を言ったのか？
そして、イザナギはなぜ、菊理媛を誉めたのか？
今までに何度も訪れたことのある、この淡路島の地で、次にどんな未来が待っているのか？

3話目　たった二行の女神

…イザナギとイザナミ。
愛し合い、かつて共にこの国を、そして多くの神々を産み、しかしその過程で、運命の歯車の狂いによって、永遠の別れを強いられることとなった、今も続く、悲しき夫婦の物語。

「生と死を司る女神」は、予測の出来ない未来へと、僕らを連れていこうとしている。

4話目　伝説の神の別れ

あ　今日過去のブログを読み返していたら、ちょうど去年の今日。
僕らは、『スサノオと日本の神を巡る旅』に出て、イザナギさんとイザナミさんが国産みを行った、おのころ島（沼島）を訪れていたんですね

あ　何でしょう…この因果は…。狙ったわけでもないのに…
ス　神の采配は時に、人間の表層意識を、遥かに超えてくるからな。恐らくイザナギとイザナミが、お前、そしてこの旅に、「何か」を求めているんやろう。今この状況に於いて、お前は何を思う？
あ　「何を思う」、とは？
ス　今この菊理媛という存在を通して、無意識とはいえお前は、これからイザナギとイザナミの、永遠の別れに触れようとしている。これは神世の時代から続き、そして今もまだ解決されていない問題に、足を踏み入れようとしている。もしかしたら踏み入れたなら、引き返すこともできないの

4話目　伝説の神の別れ

かもしれない。その上で今、お前は何を思い、何を感じる？
あ　………。正直今の僕は、父の魂の行く末を追う流れの中で、今ここ、イザナギさんのもとに立っていることに、確かに神さまの采配を感じています。
　ただイザナギさんとイザナミさんの、伝説の神の仲を取り持つなんて、自分にそんな大それたことができるとも、考えていません。ただこれが「運命」ならば、与えられた運命にまっすぐ向き合い、今自分にできることを、精いっぱいやるだけです
ス　…そうか。でも、忘れたらあかんで
あ　…？
ス　さっきも言ったとおり、今日ここに至るまでの流れは、決して偶然ではない。ちょうど去年の今、イザナギとイザナミがかつて愛し合った、おのころ島を訪れたこと。
　その後旅の中のこの場所（伊弉諾神宮）で、俺と親父（イザナギ）の確執を知ったこと。黄泉比良坂で、イザナミの終わることなき悲しみを知ったこと。
　そしてお前が、俺と親父の仲を取り持ったこと。これまでの流れがなかったら、今俺たちはこうしてここに立っていない。
　そして神は人に、超えられない試練や課題は、絶対に与えない。お前の言うとおり、これからの運命にまっすぐ向き合い、真摯に、誠実に、歩んで行ってほしい
あ　…はい…
いつになく真剣な表情で話すスサノオさんの言葉に、少し圧

倒されながらも、僕らは伊弉諾神宮のまっすぐな参道を抜けて、本殿の前に立つ。

そして心を込めて、二礼二拍手一礼。
…そこに…？
「この国の始まりの神」、イザナギがその姿を現した。

4話目　伝説の神の別れ

イザナギ　荒川さん、スサノオ…

僕らが訪れた用件をわかってくれているのか、元々どこか影のあるイザナギさんのその表情に、さらなる影を感じながら、僕らはイザナギさんと相対する。

あ イザナギさん…。今僕らは、「菊理媛」を巡る旅に出ています。決してただの興味本位の旅ではなく、この春、僕も父を亡くしました。その父の魂の行く末を知るためにも僕は、「生と死を司る」と言われている、菊理媛という神の正体を知りたい

イザナギ ………

あ すみません、不躾ながら、率直にお伺いさせてください。『日本書紀』の中で、イザナギさんとイザナミさんが、黄泉平坂でお別れになった時、突然現れた菊理媛が、イザナギさんに「何か」を言ったと、書かれています

イザナギ ………

あ 一体その時菊理媛は、イザナギさんに何を、言ったのでしょうか？

イザナギ ………

あ …すみません。不躾にこんなことを聞いてしまって

イザナギ ………

…。
……。
………。
…………。

…長すぎるぐらいの沈黙が、僕とイザナギさんの間に流れ…。

そして…。

イザナギ …すまない…
あ …はい…?
イザナギ …言えないんだ…
あ ………
イザナギ …それは…、…言っては…いけないんだ…
あ ………
イザナギ …うぅ…うっ…

流れる沈黙の時間の中に、突如として堰を切ったように、イザナギさんの嗚咽が、響き渡った。

イザナギ 言ってはいけない…。…言っては…いけないんだ…。うっ…。
　うっ…イザナミ…、イザナミ…うっ…。
　うっ、うぁぁぁぁぁぁぁぁああああああああ!!!!!

…まるで、かつてイザナミさんを失い、黄泉の国までその存在を追っていった時の、イザナギさんの悲しみそのものを、眼前で目にしているようだった。
「言ってはいけない」。
イザナギさんのその言葉は一体、何を意味しているのか？
『スサノオと菊理媛を巡る旅』は、淡路の地に響き渡る、伝説の神の嗚咽とともに、本格的な幕を開ける。

5話目　閲覧注意!

ス　…ホンマに行くんか?
あ　…はい

神妙に問いかけるスサノオさんに、僕は声は小さくとも、ハッキリとした口調で言う。

あ　未知の世界を知るためには、未知の世界へと足を踏み入れる勇気を、持たなければいけません。…たとえそれが、黄泉の国の入り口であろうとも…

そんな会話を経て、僕らが向かったのは、島根の地。

飛行機が着く頃には、もう日が暮れかかっていた。出雲空港から、車で約50分。
まず僕らが向かったのは、イザナミさんの鎮まる、「揖屋(いや)神社」。

通常イザナミさんが祀られている場合、イザナギさんと同時に祀られていることが多く、その多くが、『夫婦円満』や「家内安全」のご利益を持つ神社が多いのだが、ここ揖夜神社に関しては、イザナギさんとは別の形で、イザナミさんが祀られている。

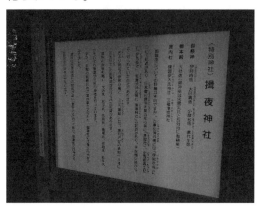

5話目　閲覧注意！

僕らが島根に来た一番の目的は、この揖屋神社の近くにある、「黄泉の国の入り口」と言われている、黄泉比良坂を訪れることであったのだが、

いつも同時に訪れるこの揖屋神社の地からは、イザナミさんの終わることなき、深い悲しみを感じる。

陽も完全に暮れかかり、本来神々も眠りにつく頃なのだが、僕はこの地には、敢えてこの時間に来なければいけないと、思っていた。
「黄泉の国で一体、イザナギさんとイザナミさんに、何があったのか？」
そのことを本質的に知るためには、いつもの昼ではなく、漆黒の闇に包まれた、この地の姿も見ておかなければいけない。そしてそこに一体、何が映るのか？　それをこの目で、確かめなければいけない。
だから僕は、無理を通して、この時間に、この地を訪れた。

闇に包まれはじめた揖屋神社は、もちろん人の気配などなく、聴こえてくるのは、不気味な鳥の鳴き声と、コウモリが羽ばたく音。

5話目 閲覧注意！

僕のことを心配するように、小春、影狼、ひなたが、僕にピッタリと寄り添うように歩き、そうして僕らは、揖屋神社の本殿の前に立った。

ご神体である鏡の前に立ち、感じるのはやはり、終わることのない闇の中に、その身を投じざるを得なかった、イザナミさんの嘆きと悲しみ。
そのことを思いながら、改めて参拝をすると、
そこに…?
「この国の始まりの女神」、イザナミがその姿を現した。

5話目 閲覧注意！

イザナミ 荒川さん…、スサノオ…。…どうしてここに…？
あ …こんな時間にお邪魔して、すみません…。今『菊理媛』という神を巡る旅を、させていただいています。その中でもしかしたら、イザナミさんはご存じないかもしれませんが、かつてイザナギさんとイザナミさんが、黄泉比良坂で永遠の別れを、せざるを得なくなったとき、菊理媛がイザナギさんに、「何か」を言ったというのですね。
その「何か」の答えを知りに、僕らはこの地にやってきました

イザナミ ………
あ この後僕らは、黄泉の国の入り口である、黄泉比良坂へ向かおうと思っています。その前にもし…、イザナミさんが何か、知っていらっしゃることがあれば、教えていただけたらと思って…
イザナミ ………

あ ………

イザナミ ………

あ …イザナミさん…?

…。

……。

………。

…………。

イザナミ …いやっ! いやっ!! いやっ!! 来ないでっ!!!!

あ …え?

僕のその言葉と同時に、無数のヘビが突如として、イザナミさんの周りに現れ、

ス 母ちゃんっ!!!!

5話目　閲覧注意！

同時にその魂を、瞬時にどこかへと、連れ去っていってしまった。

イザナミさんの気配が遠ざかっていく中、微かな言葉が脳裏に響く。

イザナミ　…たす…けて…
一体何が、起こってしまったのか？
混乱の中、恐ろしい世界に足を踏み入れようとしている、自らの運命に戦慄を覚えた。
しかし…、もう…引き返すことはできない。
『スサノオと菊理媛を巡る旅』は、今までにない、闇と魔の恐怖が迫る中、次なる未来へと、僕らを導いていく。

6話目 黄泉の国の魔物

「生と死を司る伝説の女神」、菊理媛を巡る旅は、思わぬ形で、神の時代から今に至るまで解決されていない、イザナギとイザナミの伝説の夫婦の別れに、足を踏み入れることとなった。

イザナミさんの魂が去り、残された僕らが向かう場所は、一つだけだった。
この揖屋神社から、およそ1キロの場所にある、黄泉の国の入り口と、言われている場所、「黄泉比良坂」。

『古事記』、そして『日本書紀』の物語の中では、愛するイザナミを失ったイザナギは、その存在を追って黄泉の国まで来たが、「地上界へと戻るために、黄泉の神に許しを得て参ります。ただそれまで、私の姿は決して、見ようとしないでください」と交わした、イザナミとの約束。

その後、永遠とも思える時間を待たされ続けたイザナギは、その約束を破って、イザナミの姿を見に行ってしまった。

そこで見た、イザナミの醜く腐乱した姿に、恐れをなしたイザナギは逃亡。

それに怒ったイザナミが、黄泉の国の住民（黄泉醜女）や雷神に、イザナギを追わせた。

何とか命からがら、逃げおおせたイザナギは、黄泉の国と現世の境目であるこの「黄泉比良坂」を、岩で塞いでしまったという。

それが、「黄泉比良坂」。

6話目　黄泉の国の魔物

そしてイザナミとの永遠の別れを経た後、イザナギは呟いた。
「私が弱かったからだ…」と。
その時、突如として現れた、「黄泉比良坂の番人」と言われている、泉守道者(よもつちもりびと)が現れて言った。

「イザナミ様からのお言葉があります。『私はあなたと、すでに国を産みました。なぜにこの上、産むことを求めるのでしょうか。私はこの国に留まりますので、一緒には還れません』と」
そして次に現れた菊理姫が、イザナギに「何か」を言った。
その言葉にイザナギは納得し、深く頷き、菊理媛を誉めてどこかへと去っていった。
あまりにも謎が多すぎると同時に、この現代に至っても、異彩を放ち続けているこの物語は一体、何を意味しているのか？
そして、イザナミは今もまだ、一体何に囚われているのか？

陽も完全に暮れてしまった中、僕らは「黄泉の国の入り口」、黄泉比良坂に着いた。

この場所は昼間でさえ、怖い。ましてや夜となると、何が出るかすらもわからない。
小春と影狼、そしてひなたを近くに寄せて、気持ちを引き締めながら、前へ、前へと、歩みを進めていく。

6話目 黄泉の国の魔物

なぜ、闇が怖いのか？
それは、「わからない」からだ。
この先に一体、何があるのか？　何かいるのか？　何も見えないその時に、急に後ろから肩を叩かれたら、一体どういう反応をしてしまうのか？

「見えない恐怖」というものは、心を大きく揺さぶり続け、どれだけ強く心を保とうとも、不安や恐怖、猜疑心(さいぎしん)でその心を満たしていく。きっとイザナギさんも、同じだったのかもしれない。
漆黒の闇の中で、待たされ続け、不安と恐怖と猜疑心が、その心を覆い尽くしていく中、最後に心が負けてしまったのかもしれない。その表れが、「私が弱かったからだ…」という言葉に、繋がったのかもしれない。

これも言葉で書くと簡単で、「男ならそれぐらい」と、人は言うのかもしれない。それでも実際に僕自身も、一寸先も見えない漆黒の闇に身を浸し続けたならば、その時のイザナギさんの気持ちの片鱗に触れることができるかもしれない。

…そう思ってはみたものの、とにかくこの場所は怖い。
そう思いながらも何とか、黄泉比良坂の結界をくぐったその時だった。
僕らの眼前に、イザナミさん？のように見える女性が姿を現した。

6話目　黄泉の国の魔物

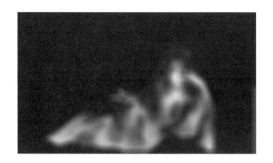

イザナミ？　…来て…くれたのね…
あ　…は、はい…
イザナミ　…ありがとう…。うっ…うっ…うぅ…

ぼんやりと見えるその姿は、いつものイザナミさんの姿とは違い、もしかしたら伝説で伝えられているとおりの、醜く、腐乱した姿だったのかもしれない。
本来美しい女性が、見た目が変わってしまい、それを愛する者に拒絶された時の気持ちとは、いかほどのものだっただろうか…。
そう思った瞬間に、言葉が聴こえてきた。

イザナミ　…わかってくれるのね…

その言葉と同時に、気付けば僕は、イザナミさんの方へと歩みを進め、手を差し伸べようとした。その時だった。

イザナミ 　ならあなたも、黄泉の国の住人にしてあげる

これはイザナミさんではない‼　戦慄と同時に、自らの過ちを悟った。
僕もまた闇の不安と恐怖に苛まれて、知らず知らずのうちに、心を闇に呑み込まれてしまっていた。

その時僕の心と、この黄泉比良坂の地に存在する魔物に、周波数が合ってしまった。

あ　…っ⁉⁉　うぁっ‼　うぁっ‼　うあぁっっ‼

6話目　黄泉の国の魔物

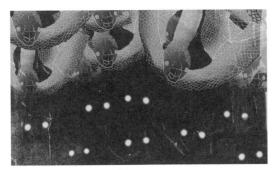

その言葉と同時に現れる、無数の影とヘビ。
その時だった。

？　いけない

影狼の妹、眷属ひなたが、偽イザナミと僕の間を引き裂いた。

偽イザナミ　ぎぇぇぇぇぇぇぇぇっ!!
奇声とともに逃げ出した偽イザナミと同時に、スサノオさんと小春、影狼が、無理やり僕を、その他のうごめく魔物たち

から引き離した。

あ　…っ!?!?　はっ!!　ハァッ…!!　ハァッ!!

バシンッ!!
そうして倒れ込んだ僕の頬を、スサノオさんは思いきり叩き、怒鳴りつけるように言った。

ス　バカたれがっ!!　今まで何回言ってきた!!　魔物というのは最も情を誘う形に姿を変えて、人の前に姿を現す。お前のイザナミに対する思いが何であれ、そこに対する弱さにつけこんでくるのが、魔物やということを忘れるなっ!!

あ　……す、すいません…。…すいません…

ス　…ったく、ひなたがおってよかった。ひなたは女であるが故に、女に対する男の弱い情につけこむ魔物から、その身を祓ってくれる。ちゃんと礼を伝えとけ

6話目　黄泉の国の魔物

あ　…ひなた…、ごめんね…ありがとう…
ひなた　………

…覚悟がないのなら、最初からこんな時間に、ここに来てはいけなかったのかもしれない。いや、覚悟はしていたつもりだった。
なのに…。それにも関わらず、心を持っていかれた…。
一体スサノオさん、小春、影狼、ひなたがいなければ僕は、どうなっていたのだろうか…。
イザナギさんもきっと、覚悟を決めて、この場所に来たはずだった。しかし、その心すらも、折られてしまった。

「自分は大丈夫」。

危機に直面するまで、つい人は、そう思ってしまう。しかし魔物や闇というものは、そんな心こそを、狙ってやってくる。
どこかで僕も、愛する妻を見捨てて逃げた、イザナギさんを軽蔑してしまっていたのかもしれない。
彼のその時の気持ちを、僕に知らしめるために、今のこの時間があったのか？

まだ頭が落ち着きを取り戻さず、思考が混乱しながら回転を続ける中僕らの背後に、ある影が、立ち尽くしていたことにすら、この時の僕は、まだ気付けていなかった。

7話目　黄泉守人の出現

「黄泉の国の入り口」

黄泉比良坂で、図らずも闇の住民たちに、魂を持っていかれそうになったところを、ひなたをはじめ、スサノオさん、小春、影狼に助けられ、何とか事なきを得た。

しかし、この時僕はまだ、気付いていなかった。

僕の背後に新たなる影が、迫っていたことに。

あ「…え？」

明らかに神さまとは違う異質のエネルギー体を感じて、後ろを振り向くと、そこには…？

？「………」

何かの動物の骨を被った謎の男が、そこに立ち尽くしていた。

無言で僕の傍に立ち、僕を見下ろす謎の男。

この男は一体…？

ス「黄泉守人(よもつちもりびと)…か…」
あ「…え？…あの『黄泉の国の番人』と、言われている…？」
黄泉守人「………」
男はまだ何も言わず、ただジッと倒れ込んだ状態の僕を、上から見据えている。
一体、この男は何なのか？敵なのか？味方なのか？疑問を持ちながらも、
何とか頭を冷静に戻し、神話（日本書紀）の中での、彼の役割について必死に思い出そうとしてみた。
…確か、イザナギとイザナミが、永遠の別れを経た後、「私が弱かったからだ」と、イザナギが呟いたその時に、この黄泉守人が突然現れて、イザナギに言った
「イザナミ様からのお言葉があります。『私はあなたと、すでに国を産みました。なぜにこの上、産むことを求めるのでしょうか？　私はこの国に留まりますので、一緒には還れません』」と。
そしてその後に、菊理媛が現れて、イザナギに『何か』を言ったという。
そうであるならば、
この黄泉守人は、その菊理媛がイザナギに言った、『何か』の答えを知っているのかもしれない。
短い時間の中で、そう思えた僕は、声を振り絞りながら、まだ恐怖が収まらず、震える声で言った。
あ　あ、あの…、と、突然お邪魔して、す、すみません…

7話目　黄泉守人の出現

黄泉守人　………
あ　い、今、菊理媛という神を巡る旅に、出ています、荒川、祐二と申します…
黄泉守人　………
あ　か、かつて、ここで、イザナギさんとイザナミさんが、争った時、お、恐らくあなたと菊理媛が現れて、イザナギさんに、『何か』を言ったといいます…。そ、その、「何か」とは、一体…？
黄泉守人　笑止
あ　…え…？

突如として発せられた言葉に驚く僕に、脳内をかき回されるような不快な波長で、黄泉守人から言葉が発せられる。

黄泉守人　弱き者よ。お主程度の胆力で、気軽にこの地に来るでない。ましてや、イザナミ、菊理媛だと？　己の魂の管理すらもできぬ者が、他者、ましてや神の世界に、入り込もうとするなど、愚かにも程がある
あ　………
黄泉守人　…警告する。次、同様の愚行を繰り返すならば、その時はその魂を、即座に黄泉の神に捧げよ

…そう言うと、黄泉守人は、その手に持っていた薙刀(なぎなた)のようなものの、切っ先を僕の首筋にあてた。

身体が震え膠着し、汗が留まりを見せず流れていく中、そんな僕を見て、黄泉守人が言う。

黄泉守人　…あの時と同じだな…。あの者…イザナギ…と言ったか…。あの者も今のお主と同じように、身体を震わせていたな…。今もまだ、自責の念で自らを縛り続ける、愚かな者よ…。ククッ…クハハハハハハッ!!!!

あ　………

悔しくても、情けなくても、汗と涙が流れるばかりで、どうしても身体が動かない…。
そんな僕を蔑むように、黄泉守人は僕を睨みつけ、そうして闇の中に、姿を消そうとしていった。

7話目 黄泉守人、の出現

ス 待てや

黄泉守人 …何奴…?

ス 実の親父(イザナギ)をここまで悪く言われるのは、気分のええもんではないわな

黄泉守人 …親父……貴様…、スサノオ…か…

ス 出るとこ出てもええんやぞ。この世界も、過去の歴史も、神の世界も黄泉の国も、すべてを壊し尽くすぐらいの気持ちでな

さっきまでとはまた違う、張り詰めた空気が、その場に流れた。
スサノオさんの本気を見た。そんな空気が、黄泉比良坂の地に、広がっていた。

…。
……。
………。
…………。

…スサノオさんと黄泉守人が、睨みあったまま、どれだけの時間が経っただろうか…。

黄泉守人 ………。…ククッ、クハハハッ‼ 悪いが、その気はない。
　しかし、忠告だけはしておこう。悪いのはすべて、貴様の父、イザナギだ。奴がイザナミとの約束を破り、黄泉の神を怒らせてしまったことで、すべての災厄は招かれ、現世と黄泉の境目も崩壊しそうになった

7話目 黄泉守人の出現

ス ………

黄泉守人 黄泉の神がその気になるならば、再びこの現世と黄泉の境目は開かれ、世界は混沌に陥るであろう…。かつてあの時も、そうなるはずだった…。あの者…、「菊理媛(ククリヒメ)」という神がいなければ、な…

…その言葉を残して、黄泉守人は、姿を消していった。

悪いのはすべてイザナギ…。
今もまだ、自責の念で自らを縛り続ける、愚かな者…。
黄泉の神がその気になるならば、再びこの現世と黄泉の境目は、開かれるであろう…。
菊理媛という神がいなければ、かつてのあの時も、そうなるはずだった…。一体この言葉たちは、何を意味しているのか

…?　謎がまた新たな謎を呼び、菊理媛という、「生と死を司る女神」の物語は混迷の度を深めていく。
闇の戦慄と恐怖とともに…。

8話目　荒川祐二、穢れる

荒川祐二は穢(けが)れていた。先日の、黄泉比良坂での、恐怖体験以来、その時の恐怖がトラウマとなり、「穢れ（気枯れ）」となって、心にこびりついてしまっていた。そうなると現実を映し出すための、心のフィルターも穢れてしまい、見えるものがまっすぐ見えず、受け取るものがまっすぐに受け取れない。

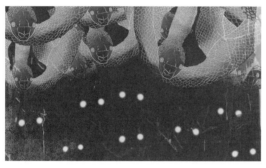

誰かのふとした言葉に、敏感に感情がネガティブな方に動き、人や何かに対する、ちょっとしたことへの、イライラや怒りが収まらない。

こんな心境や行動が積み重なっていくと、この先の人生の行く末なんて、目に見えてしまっている。

心の穢れ（気枯れ）とは、ここまで人生に影響を及ぼすものなのか。

それもわかってはいたことだったが、スサノオさんと出会って以来、あまり怒り、悲しみ、憎しみ、恐怖をはじめとした、穢れに触れることが無かった人生だったから、改めて、その恐ろしさに心身が震えあがる思いだった。

あ …ふぅ…
ス おい！　ハゲ頭!!
あ ……？

あ うぎゃぁぁぁぁぁぁあああああああ!!!!!
ス な、なんや、急に…？

8話目　荒川祐二、穢れる

あ …あ、ス、スサノオさん…。すいません、何だか違うものに、見えてしまって…。
ハハ…、多分疲れてるんですね…
ス ………。（ピコーン!!）おいっ！　ハゲ頭っ!!
あ 何ですか、何回も、何回も、しつこいな…
ス 黄泉守人の物まね～!!

ス ばあっ!!
あ ………
ス ばあっ!!

あ　………

ス　………。ばあっ…

あ　ドアホ！

ス　ビクゥッ!?!?!?　な、なんじゃ!!　お前が穢れとるから、祓ってやろうとしたんちゃうんかい!!

あ　やかましいっ!!　だからといって、「トラウマ最先端」の、黄泉守人のコスプレをせんでもええやろっ!!

ス ドアホッ‼ こんな時こそ、トラウマにまっすぐ向き合う必要があるんやろがいっ‼ これを笑い飛ばすことができたなら、お前はもうバッチリ、「穢れ祓いインストラクター 第4級」やっ‼

あ そんなインストラクター、なりたくもないわっ‼ そもそも4級ってなんじゃ‼

小春＆影狼＆ひなた ………

あ …ふぅ…、ふぅ…。な、なんか、怒鳴り合ったら、

ちょっとスッキリしてきたぞ…

ス　…よしっ‼　ここでもうひと押しっ‼　せ〜のっ‼

あ　………。プッ、アッハッハッ‼　もうわかったよ、わかりましたよ。ありがとう、もう元気になりましたから

ス　せや。笑いは一番の「祓い」やからな。つらいときほど、笑わなあかん。苦しいときほど、楽しいことをせなあかん

あ　何だかそれすらも、忘れてしまっていたような気がしますよ

ス　まぁ今回は突発的な、トラウマがあってこうなったことやから、その原因を取り除けば、元に戻れるけど。穢れというものの一番怖いパターンは、「自分は間違っていない」という思いのもとに、知らず知らずのうちに、反省と改善をすることを忘れ、嫉妬、傲慢、怠惰、他責という穢れに根こそぎ、まみれてしまうことやからな。今回で穢れの恐怖を知ったやろうから、良い教訓として、次に活かせ

あ　…はい。ちなみに、そういう意味で、考えたらですけど…

ス …ん？

あ イザナギさんの穢れは、今も祓われていない、ということでしょうか…。あの、黄泉守人がイザナギさんのことを、「今も自責の念に縛られ続ける、愚かな者よ…」と、言っていた言葉から察するに…

ス ……まぁ、そういうことやろうな。そしてその穢れというのは、恐らく…

あ 愛するイザナミさんを、見捨てて逃げてしまった、ということへの後悔や自責の念…

ス そういうことやわな。そのイザナギ自身が、抱える過去を解消するか、乗り越えていかないことには、恐らくその穢れが祓われることは、永遠にない

あ ………。でもそのためには、どうすれば…？

ス …さぁな。その答えを求めることが、きっと今回の旅の意味なんやろう。そしてそれは、イザナギと同じように、父という大切な存在を無くし、「あの時もっと何とかでき

なかったのか」と、少なからず今でも、後悔や自責の念を持ち続けているお前自身や、同じように大切な人を亡くし、「生と死」ということに対して、行き場を無くした感情を持ち続ける人への、ある種の答えを、導き出すことでもある

あ ………

…そうして僕がふと、父の存在を思い返し、心が少し、悲しみの方向に揺れ動きそうになった、その時…？

ス おい…

8話目　荒川祐二、穢れる

あ　うぎゃぁぁぁぁぁあああああああ!!!!!
ス　………。こりゃ、応急処置ではあかんわ。「あの女神」の力を借りるか
あ　(ブルブル、ブルブル…)。「あの女神」…?
ス　「穢れを根こそぎ祓う」というのなら、これ以上ない祓いの女神がいてるやろ。あの「伝説の女神」がな

…。
……。
………。
…………。

まさかの胸が熱くなる展開で、再びあの、伝説の女神が登場する!!

『スサノオと菊理媛を巡る旅』は、今までにない紆余曲折を経ながらも、次なる未来へと、歩みを進めていく。

9話目　瀬織津姫の登場

数々の謎と闇の恐怖が、目まぐるしく入れ替わる中、黄泉の国の入り口でこびりついてしまった穢れを祓わないことには、これから旅に出ても、目に映るもの、心に感じるものをまっすぐに映し出せない。

そう考えた僕らは、あの「伝説の祓いの女神」にお会いするために、兵庫県のある場所へとやってきた。

ス 六甲山…。「瀬織津姫の聖地」…、六甲比命(ろっこうひめ)神社か…
あ はい…

案内の看板から5分ほど、上に位置するお社に向けた道のりを登る。

9話目　瀬織津姫の登場

途中、ご神体である巨岩を見上げて圧倒されながらも、そういえばこの岩の形がウサギに似ているから、瀬織津姫さんの眷属もウサギと言われているんだったなと、そんなことを思い返していた。

↑前々作に登場の因幡の白兎さん。

あ&ス　お前じゃない

…５分程度とはいえ、ここ最近の猛暑での登り道は、一瞬にして身体から汗を噴き出させ、しかしその、流れ出る汗の分だけ穢れが祓われたような、少し爽やかな気持ちで瀬織津姫さんの鎮まる、お社の前に立つ。

この小さなお社の中は、誰でも入ることができるのだが、そこには神秘的な空間が広がっており、まさしく瀬織津姫さんを象徴するような、静かで「清浄」な空気が、ここには広がっている。

9話目　瀬織津姫の登場

ここでお賽銭を入れて、参拝して、瀬織津姫さんと対面…、といきたいところだが、実は気付きにくいのだが、ここに来たのならもう一カ所、参拝したほうが良い場所がある。
それがこのお社の、脇道を抜けてすぐにある、ご神体である巨岩の目の前。
ここにも、祭壇が設けられている。

神様が降りてくる「ご神体」である、ということは、この巨岩は瀬織津姫さんそのもの。
滅多にないことだが、実際に手を伸ばせば、そのご神体に触れることのできる場所で、改めて、心を込めて瀬織津姫さんを思い参拝する。
そして、そこに…？　かつての「歴史の闇に葬られた女神」、そして今は「時空を超えて、愛され続ける女神」、瀬織津姫さんが、その姿を現した。

瀬織津姫　荒川さん、スサノオさん、こんにちは…

瀬織津姫さんから発せられる、眩(まばゆ)いほどの輝きは、それだけで、その輝きに触れるものの心身を浄化し、心を元の状態に戻してくれる。

9話目　瀬織津姫の登場

水の力は、祓いの力。

僕ら人間も、約70％が水分で出来ている、と言われているとおり、瀬織津姫さんのその浄化の力に触れると、「水こそが生命の根源である」、その言葉の意味を深く実感する。

この時間だけで、十分に黄泉の国の入り口で受けた、穢れが祓われたような気もしたのだが、しかしあの光景を思い返すと、まだ少し、心に引っ掛かりを感じる自分がいた。

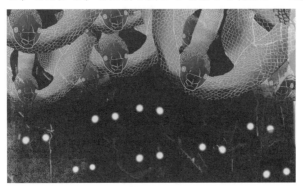

そんな僕を見て、瀬織津姫さんが、スッと心に染み入ってくるような、水そのもののように、優しく柔らかい声で、僕に語りかける。

瀬織津姫　怖い思いを、されたのですね…
あ　………
瀬織津姫　…でも、大丈夫…。大丈夫…。大丈夫…

9話目　瀬織津姫の登場

…なぜだろう…。
ただ、「大丈夫」。
それだけの言葉のはずなのに、僕の目からは溢れる涙が止まらず、母親の腕に包まれた子どものように、心の底から湧き上がってくる深い安心感とともにうずくまり、嗚咽を漏らしている自分がいた。

あ　…うぅ、うぅぅぅっ…
瀬織津姫　大丈夫、大丈夫…

実際に、瀬織津姫さんのエネルギーは、うずくまる僕の全身を、包み込んでくれていたのだろう…。
(温かい…。ずっとここにいたい…)。
そう感じれば感じるほどに、同時に勇気が湧いてきて、再び立ち上がる気力も湧いてきた。

「大丈夫」。

瀬織津姫さんの言葉どおりに、そう思えた瞬間が、心の穢れが根こそぎ祓われたという瞬間だったのだろう。僕の目からもピタッと涙が止まり、全身に力が湧いてきた。
そんな僕を見て、瀬織津姫さんは穢れなき少女のように、キラキラとした目と、輝く笑顔で僕に言う。

瀬織津姫 …よかったです。安心いたしました…。人はみな本来根源的に、素晴らしいものです…。私はその皆さん自身の、素晴らしさを思い出すための、お手伝いをするだけ…

あ ありがとうございます…。本当に…ありがとうございます…

瀬織津姫さんのおかげで、言葉にするなら恐らく、「トラウマ」という穢れが祓われたものの、しかし再びもし、同じ目に遭ったとき、僕は大丈夫なのだろうか。そう思ったけど、即座に僕は思い直せた。
なぜ今回僕は、闇を恐れたのか。
それは闇というものの答えが、「わからなかった」からだ。

この先に何があるのか？　何がいるのか？

その不安が解消されないまま、かつてのイザナギさんのように、歩みを進めた結果、不安と恐怖という穢れが膨らみ続け、結果そこを「闇」の存在につかれた。
今なら思えることだけど、闇とは、恐怖とは、本来自分の心である。
あの時も自分の心を強く保てていたならば、闇の存在に、自分自身の心の周波数が合うことはなかった。それがわかった、「今」なら行ける。

ス …一度穢れることを知らなければ、清らかになる術(すべ)も、自らを守る術も、わからんからな。裏を知って、表を知るように、今回の体験を通して、自身の身に何があったのか、その心がどう揺れ動いたのか。

これを良い経験として、そこにしっかり向き合えたなら、過去を乗り越え、次に同じ場面に遭遇しても、穢れにさらされることはないやろう

あ …はい。瀬織津姫さん、スサノオさん、ありがとうございます。これで再び菊理媛を巡る旅に、出ることができます

瀬織津姫 …菊理媛…ですね…

あ はい…。それで、あの、もし…、差し支えなければなのですが、何か菊理媛について知っていることを教えていただけることなどは、ありますでしょうか…？

瀬織津姫 …この六甲の地には、私と同じように、菊理媛も祀られています。そのことも含めて、私と菊理媛が、よく同一視されていることは、ご存じでいらっしゃいますか…？

あ そ、そうなんですか？　すみません、無知で、全然知らなくて…

瀬織津姫 彼の者も私と同じく、人の歴史と深く歩みを共にしてきた者…。しかし私よりも、もっと奥深く、人の歴史の影を受け入れ、今もまだ歩みし者…。

その存在の歴史を呼び起こし、再び辿(たど)ることは、必ずや多くの人々の、そして多くの魂の、救済となることでしょう…

…。

9話目　瀬織津姫の登場

……。
………。
…………。

「私と同じく、人の歴史と深く歩みを共にしてきた者」…。
「しかし私よりも、もっと奥深く、人の歴史の影を受け入れ、今もまだ歩みし者」…。
かつての「歴史の闇に葬られた女神」、瀬織津姫は、

自らと同じように、しかし、「今もまだ歴史の闇に葬られている」、もう一柱の女神の存在を明かした。

「菊理媛」。
「生と死を司る伝説の女神」を巡る旅は、時空を超えた、人の歴史と神の世界が融合し、新たなる未来へと歩みを進めていく。

10話目　菊理媛の風

「経験」。
それは時として、人生を生きていく上で財産となる。
かつての「歴史の闇に葬られた女神」、瀬織津姫は僕に言った。

「彼の者（菊理媛）も私と同じく、人の歴史と歩みを共にしてきた者」…。
「しかし私よりも、もっと奥深く、人の歴史の影を受け入れ、今もまだ歩みし者」と…。
そして同じように、歴史の闇に封印されたという、その瀬織津姫自身を巡る旅を行っていた時、「神話の中に自身を封印してしまっていた、嘆きの女神」、イワナガヒメは僕にこう言った。

「封印をされたということは、封印をしたものがいる」と。
その言葉がきっかけとなり僕は、日本を代表する神話『古事記』が、「人」によって作られた時の時代背景と、その制作意図を知ることによって、持統天皇、天武天皇という、瀬織津姫とニギハヤヒの、封印に関わったと言われている、大きな2人の存在へと繋がる、手がかりを掴むことができた。あの時と、「今」。すごく、状況は似ている。
菊理媛という女神は、『古事記』と並ぶもう一つの日本神話『日本書紀』の中に、たった2行だけ、その姿を現す。

10話目　菊理媛の風

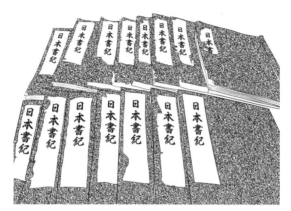

その内容を何度も重ねて言うならば、

□■□■□
是時、菊理媛神亦有白事。
伊奘諾尊聞而善之。乃散去矣。（※イザナミとの永遠の別れを迎え、イザナギが嘆き悲しむ時）
このとき「菊理媛」という神が、イザナギに「何か」を言った。
イザナギはこれを聞いて、納得し、深く頷き、菊理媛を誉めた。
そして、その場を去っていった。
□■□■□

これだけ。
しかしこれまで積み重ねてきた、僕自身の「経験」に、照らし合わせるなら、この『日本書紀』というものが作られた時

代背景を追っていくならば、必ず何か、『日本書紀』の制作者側という『人』が、『菊理媛』という存在を、「謎のままに」しておかなければいけなかった、その意図が見えるはずである。

その、意図を追っていくことこそが、「生と死を司る伝説の女神」菊理媛の真実へと繋がり、菊理媛がイザナギに言った「何か」の言葉、そしてその先にある、この旅の当初の目的でもある人の魂の行く末を知るための、大きな手掛かりとなる。

六甲比命神社での、瀬織津姫さんの言葉から、「何がわからないかが、わからない」という謎を巡る上での最初の壁を越えられたと、そう強く確信を持てた僕は、次に、六甲比命神社から、車で約15分。

瀬織津姫さんが言っていた、この六甲の地で、菊理媛が祀られているという、六甲山神社、通称「石の宝殿」に到着した。

10話目　菊理媛の風

小さいながらも、朱色と白が鮮やかなお社の中には、

「白山大権現（この地に於ける菊理媛の別称）」と、書かれた神札が掲げられており、「六甲山なのに白山？」と、少しの疑問も湧いてきたが、これまでの、謎に次ぐ謎に比べれば、

「今更これぐらいの疑問」と思う部分もあり、それ以上に今は、「菊理媛」が鎮まるこの地に立ち、気持ちが高揚してくるばかりだった。

10話目　菊理媛の風

お社を出て、少し外に出てみると晴れ渡る空の下、ふと、気持ちの良い風が吹いた。

「菊理媛」。
きっと、この神さまは、優しい。
僕は普段からあまり、自分の主観で感じただけのことを書くのは好まないのだけど、今だけは、どうしても書きたくて、伝えたい。
この「菊理媛」という神さまはきっと、どこまでも優しい。
もちろん神さまはみんな、優しいのだけど。
「生と死を司る女神」と言われているとおり、恐らくこの世のすべての、生に対する喜びとその逆の、死に対する嘆きと悲しみを知り、受け入れてきたからこその優しさを、六甲の山に吹く、優しく気持ち良い風に包まれながら、僕はこの「菊理媛」という、神さまから感じている。
僕がいつ、この菊理媛に出会うことができるのか。それはま

だ、わからないけど。
そのときはもしかしたら、子どもの頃のような、純真なだけの魂に戻って、ただ、ただ、この女神さまに、甘えてしまうのかもしれない。
いつの日か、父に抱きしめられ、深い安心感を抱いていた、あの時のように。

この旅を始めて、いつの日からだろうか。
僕は父の死を振り返った時に、あまり涙を流さなくなっていた。

10話目　菊理媛の風

それは決して、父を失った悲しみや、その存在を、忘れてしまったわけではなく、父の死を経てもなお、今こうして再び、復活の狼煙(のろし)を上げて、前へと歩むことができていることへの喜びから来ている。

…その時ふと見上げた空に、父の笑顔が、浮かんだ気がした。

僕自身の魂の成長と、これまでの経験とともに、「生と死を司る伝説の女神」を巡る、この旅は続いていく。
…しかし、今のこの高揚した気持ちも、これまで積み重ねて

きた経験も、魂の成長も、一瞬で叩き潰されるほどの、思いもよらない、未来と共に。

11話目 生と死を司る女神とは

今日は8月12日。世間で言う、「盆」。

今年4月に父を亡くした僕にとって、初盆となることもあり、
「亡くなった人の魂が帰ってくる」
と言われるこの時期は、様々に思うことがある。

祖先の霊が移動するための乗り物とされる、精霊馬（しょうりゅううま）を供え、同じように祖先の霊が迷わずにその火を目印に、家に帰ってくると言われる迎え火も行う。

元はと言えば、『スサノオと菊理媛を巡る旅』も、亡くなった父の魂の行く末を知ることから始まったこともあり、これで今父の魂が、家に帰ってきていると思うと、気持ちの浮き沈みも含めて、何とも言えず今、不思議な気持ちになる。

あ …スサノオさん

11話目　生と死を司る女神とは

ス　ん？
あ　本当に今父の魂は、家に帰ってきているんですか？
ス　アホ（笑）。疑うんやったら、最初からやるな（笑）。気持ちのこもってない形だけの、儀式やったらやる必要もないし、むしろ気持ちがこもらなければ、どれだけ形式だけちゃんとやった所で、帰ってくる先祖も、居心地が悪いわ（笑）
あ　いや（笑）。そういうわけではないんですけど（笑）
ス　そもそもこういった盆の儀式は、きちんとしないと、望まぬ者も入ってきたりするからな
あ　望まぬ者、とは？
ス　まぁ要は、有象無象の霊やわな。盆というのは、普段閉ざされている現世と冥界（黄泉の国）の門が開く期間であり、「ここぞ」を狙って、人に危害を与える危険な霊もわんさかやってくる

あ …だから、お盆の期間には、交通事故や水難事故が多いのですか…

ス そういうことやわな。だから本来この期間は、遠出せずに家で故人のことを思い、思い出を語らいながら家族で食事をし、ゆっくり時間を過ごすのが一番良いし、それが故人に対する最高の供養となる。
むしろ故人や先祖がせっかく現世に帰ってこれる貴重な期間なのに、こっち（現世）サイドが迎え入れる準備もしていなければ、命を繋ぎ育んでくれた故人や先祖に対して、これ以上失礼なこともないやろう

あ …確かに、そうですね。ちなみになんですけど、盆の期間、その故人の魂が帰ってこられる期間って、なぜこの期間だけなのですか？

ス だから言うてるがな（笑）365日24時間、現世と冥界（黄泉の国）の扉が開きっ放しやったら、陰と陽のバランスが崩れてこの世に霊が溢れまくって、お前ら偉い目に遭うぞ（笑）

11話目　生と死を司る女神とは

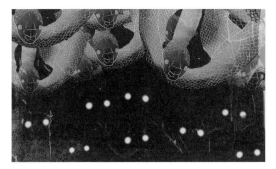

あ　それはマジ無理（笑）
　でもその、現世と冥界、霊界のルールって、いつ決まったんですか？
　ていうか、取り決めとかあったんですか？
ス　知らん（キッパリ）
あ　神なのに知らんって（笑）
ス　だって多分それって、あのイザナギとイザナミが、黄泉の国で別れた時か、それよりもっと前の話やろうけど。俺そん時、まだ生まれてないもん

あ　あ…そうか（笑）

※スサノオさんは、イザナギさんとイザナミさんが永遠の別れをした後の、イザナギさんが黄泉の国の穢れを祓うために行った禊の時に生まれています。

ス　何なら、「黄泉の国の番人（黄泉守人）」に、直接聞いてみるか？

あ　それだけは勘弁して、マジで（泣）
ス　（笑）
あ　あ、でもそういえばあの時、黄泉守人が言ってましたよね？
「悪いのはすべてイザナギだ。奴がイザナミとの約束を破り黄泉の神を怒らせてしまったことで、すべての災厄は招

11話目　生と死を司る女神とは

かれ、現世と黄泉の境目も崩壊しそうになった」って。しかもその後に、「かつてあの時も、そうなるはずだった…。菊理媛(ククリヒメ)という神が、いなければ」って…

ス　せやな

あ　…何かいろいろ話が、ややこしくなってきましたけど…。要はイザナギさんが、イザナミさんとの、「黄泉の神の許しを得るまで、私の姿を見ようとしてはいけない」という約束を破ったことで、黄泉の神が怒って、現世と黄泉の国の境目が崩壊しそうになった。しかし、そんな危機的状況を止めたのが、「菊理媛(きくりひめ)」ということ？

ス　「ククリヒメ」な

あ　どう違いまんの？

ス　知るか、自分で考えろ。黄泉守人が、キクリヒメではなく「ククリヒメ」って、確かに言ってたやろ。そのことの意味を考えろ

あ　ん〜…あっ！　現世と黄泉の国の境目を「括って閉じた」から、「ククリヒメ」？　元々縁と縁を括って結ぶことから、縁結びの神としての「ククリヒメ」って呼ばれる説がある、って見たことがある

神名の「ククリ」は「括り」の意で、伊奘諾尊と伊弉冉尊の仲を取り持ったことからの神名と考えられる[1][32]。菊花の古名を久々(くく)としたことから

※ Wikipedia より

ス　そう、そういうこと。もっと言うなら…

あ …？

ス 黄泉の国と現世の境界線を、括って閉じたのが「菊理媛(ククリヒメ)」というのなら、イザナギが黄泉の国へ向かうための扉を開いたのも、「菊理媛」である、可能性が高い。決して悪い意味ではなく、神の特性として、イザナギにその能力はない

あ な、なるほど…。そうか、そうですよね…。だから、「生と死を司る女神」、と言われているんですね…

ス そういうことやわな。

しかしたった一柱の神が、現世と黄泉の国の境目を、開いたり閉じたり出来るんやぞ

一体どれだけの神威があれば、そんなとんでもないことができるんや、って思うよな

…。

……。

11話目　生と死を司る女神とは

………。
…………。

…思わぬ形で、この盆の期間に、「生と死を司る伝説の女神」、菊理媛のことを思う。
その真実の姿は、まだまだ見えないけれど、いつか出会えることを信じて、これからもまた、前へと歩みを進めていく。

今は恐らく、「菊理媛(ククリヒメ)」が、現世と黄泉の国の境目を開いてくれているおかげで過ごすことのできる、この「盆」という、父の魂と過ごせる時間を大切に過ごしていこうと思う。
皆さまにとっても、亡き大切な人の魂と過ごせる大切な時間を、大切に。

12話目　白き山の女神

お盆の季節が続く中、今日僕らは、父のお墓参りに来ていた。

お墓参り自体は、毎月一度は必ず来ているのだが、今菊理媛を巡る旅に出ているが故に、今日は普段気にならないことが、疑問に思えてきた。

あ　スサノオさん

ス　ん？

12話目　白き山の女神

あ　素朴な疑問を聞いてもいいですか？
ス　？

あ　家の親のお墓もそうなんですが、どうして日本のお墓って、山にある場合が多いんですか？

ス　なんでそんなことが気になる？

あ　いや、何となくなんですけど…

ス　ええ心掛けや。ええか、神の正体や答えを知るためには、「疑問を疑問のままに置いておかない」こと。日常の何気ない、「あれ？　そういえばこれ何なんやろう？」、っていうふとした疑問に対して、そのままにせずに、聞いたり調べたりしてみる。そうすれば必ず何かしらの形で、神の真実へと繋がることができる

あ　ありがとうございます

ス　それで、「なぜ日本の墓は山に多いのか？」って話なんやけど、古来人は亡くなってからその地域一帯の守り神になると、言われていてな。広くその地域一帯を見渡せるように、人の住む集落よりも高い場所に墓を作ったというのが、最初やわな

あ　はぁー、そうなのですね。知らなかった…

12話目　白き山の女神

ス　「疑問を疑問のままに置いておかない」ために、敢えて聞くけど、そもそもなんでそれが気になった？
あ　…そもそも、ですか？…菊理媛について、いろいろ調べていく中で、一つのことがわかったんです。それは菊理媛は「山の神」でもある
ス　ふむ。「山の神」と言えば、もう既にいてるけど？（笑）

…。
……。
………。
…………。

オオヤマツミ　呼んだかー‼

↑前々作に登場の、「山の神」オオヤマツミさん。
あ＆ス　………。いえ、別に呼んではいないのですが…。

(そうか…、山ならそりゃいてるわな…)

オオヤマツミ 罪な男！　オオヤマ「ツミ」、見参!!「ツミ」!!　ワハハハハハッ!!

あ&ス (どうしよう…。物凄(ものすご)くめんどくさい…)

オオヤマツミ で？　ワシに何の用じゃ？　ん？　ん??　ん????

ス (おい、めんどくさいから、何か聞いとけ…。面白いからついでに、「あれ」も言っとけ…)

あ (え〜…)…あの、今実はスサノオさんたちと、菊理媛を巡る旅に出ていて、一「握り」でも何か、~~知っていることがあれば…~~

~~**オオヤマツミ**　ひと「ニニギ」ー!?!?~~

あ&ス　簡単に引っ掛かるな！

(※『山の神 オオヤマツミ』は古事記の物語の中で、大切な娘を蔑ろにした天孫ニニギという神さまと浅からぬ因縁があります)

オオヤマツミ ワッハッハッハ!!　冗談じゃ！　冗談っ!!　ワシは心の広い「罪」な男!!　**オオヤマ「ツミ」!!**

あ&ス (この親父、本当にめんどくさい…)

あ ……。…あの、オオヤマツミさんは、「山の神」ですよね？

オオヤマツミ そうじゃが

あ 同じ「山の神」とされている菊理媛さんのことは、何かご存じだったりしますか？

オオヤマツミ　…菊理媛…のぅ…。確かに同じ山の神ではあるが、決して同じではない

あ　どういうことでしょう？

オオヤマツミ　ワシは山の神の中でも、山々全体を統括する神での。それが故に、山から生まれる農業、鉱業はもちろん、漁業に至るまで、様々な神徳を持っておる

あ　な、なるほど…。（実は凄い神様なんですね）

オオヤマツミ　何か言ったかの？

あ　…いえ…

オオヤマツミ　かたや、菊理媛。彼の者は、「山全体の神」と言うよりも、「白山の神」という、特定の山の神であると考えた方が想像が付きやすい

あ　…そ、そうか、そうですよね。僕が調べていた中でも、白山神社のご祭神のほとんどが菊理媛であり、白山という山が実際にあることを考えると、「白山という山の化身（神さま）が菊理媛」ということなんだろうなと、理解ができます。

　でもじゃあなぜ、菊理媛が「生と死を司る女神」「生まれ変わりの女神」と言われているのでしょう？

オオヤマツミ　…お主は、白山の前に、「山」というものが古来どのような形で、人々に信仰されていたかを知っておるかの？

あ　…いえ

オオヤマツミ　山というものは古来、多くの生命を育み循環し、人々に恵みをもたらす「神の住み処（か）」と言われていた

あ　は、はい…

オオヤマツミ　その「神の住み処」である山に入るということは、「神の体内に入る」ということでもある

あ　…はい…

オオヤマツミ　そしてその、「神の体内」である山頂は、天へと続く道であり、人は死して魂となり、山頂から天へと昇っていくとされていた。同時に、生きている人にとっても、山頂を目指してその山へと登り、神の頂に達して帰ってくることで、**心身が清らかになり、「魂から生まれ変わることができる」と、古来人々は信じていた**

あ　山頂に登って帰ってくることで、生まれ変わる…

オオヤマツミ　そう。山道が「産道」であると言われるのは、これを由来としてのことじゃの

あ　その信仰の象徴が…、菊理媛…

オオヤマツミ　そういうことじゃの。北陸地方にそびえる、日本三大霊山の一つ、「白山」

12話目　白き山の女神

オオヤマツミ　「美しき白きあの山に、登って降りてくることで真っ白になって、生まれ変わることができる」。その「白山信仰」が広がり、今や全国約2700社を誇る、菊理媛を祭神とした白山神社が全国に広がっていった

オオヤマツミ　ワシから語れるのは、それくらいかの。後はお主の力でしっかりと、歩みを進めていくが良い
あ　オオヤマツミさん、ありがとうございます…。本当にあ

りがとうございます！
オオヤマツミ 構わん構わんっ！　ワシは器の大きい「罪」な男‼　**オオヤマ「ツミ」‼**
~~ス~~　ニニギ…（ボソッ）
オオヤマツミ ニニギーっ⁉⁉　怒
あ＆ス　器デカいんちゃうんかい‼
…。
……。
………。
…………。

小さな手がかりや疑問をそのままにせず、まっすぐに向き合ってみることで、少しずつでも糸をたぐり寄せるように見えてくる未来がある。
生まれ変わりの象徴である、「美しき白き山、白山の女神」、菊理媛。

おぼろげながら、その輪郭が見えてきたような気がするとはいえ、しかしまだ、その正体に近付くためには、何かが足りない…、…ような気がする…。
一体何が足りないのか？
「生と死を司る」、伝説の女神を巡る、僕らの旅は続いていく。

13話目　伝説の男、再び

「白山」。

オオヤマツミ　「美しき白きあの山に、登って降りてくることで、生まれ変わることができる」。その「白山信仰」が広がり、今や全国約2700社を誇る、菊理媛を祭神とした、白山神社が全国に広がっていった

「山の神」、オオヤマツミの言葉により、少しでもまた新たに、菊理媛の謎に近付くことができた荒川祐二。

しかしまだ、「何か」が足りない…。
その「何か」の答えを探しに、次に僕らが向かったのは…？
奈良県は天川村に位置する、龍泉寺。

そう。ここは前回の瀬織津姫を巡る旅で、瀬織津姫を救ったと言われている、「伝説の呪術師」、役行者(えんのぎょうじゃ)に会うために、最初に来た場所でもある。

あ どうも

ス で？　何で役行者なん？

あ 謎多き神の真実に迫るためには、きちんと神の歴史と人の歩んできた歴史を学んだ上で、その知識の土台の上に、研ぎ澄ませた感覚を掛け合わせる。これは前回の瀬織津姫を巡る旅で、学んだことでもあります

ス ふむふむ

あ そう考えて、菊理媛について描かれた時代について、色んなことを調べました

ス 菊理媛について描かれた時代、とは？

あ 菊理媛が唯一、その中に姿を現す、『日本書紀』の時代

13話目 伝説の男、再び

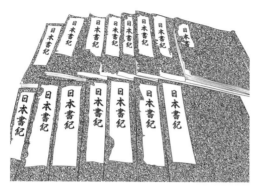

ス ………
あ 菊理姫が登場する、この『日本書紀』が書かれた時代の背景を知ることで、必ず菊理媛の真実に近付いていくことができる。そう考えた時に…
ス ?
あ その時代を生きた「人間」がいたということを、思い出したんです
ス 役行者…か

あ　そうです。役行者さんが生きた時代は、634〜701年。『日本書紀』成立の過程は、681〜720年と言われています。そして役行者さんは、「山岳信仰（山を神聖視し、崇拝の対象とする信仰）」の象徴、修験道の開祖でもあります

あ　昨日オオヤマツミさんが語ってくれたように、菊理媛が日本三大霊山の一つ、「白山」の化身であるということを考えると、役行者さんなら何か知っているのではないか？極々自然に、そう思いが至りました

ス　………

…そうして僕らは、前回の瀬織津姫を巡る旅でも登場した、役行者さんを守護する夫婦の鬼、前鬼と後鬼にまずはきちんと挨拶をし、

13話目　伝説の男、再び

前鬼　グ、ググゲゲゲゲ…
後鬼　ゴゲゲゲゲゲ…

あ　前鬼さん、後鬼さん、こんにちは。あの、役行者さんに、会わせていただけますでしょうか…？
前鬼　グ、ググゲゲ…
後鬼　ゴゲゲゲ…。こ、こっちだ…

…そうして、前鬼と後鬼に招かれるままに、龍泉寺境内奥にある滝の方向へと進んでいくと、そこに…「伝説の呪術師」、役行者がその姿を現した。

役行者 お主か…暫(しばら)く…じゃの

あ 役行者さん、お久しぶりです。覚えてくださっていましたか？

役行者 …また新たな旅にでも出ておるのかの？

あ …はい。瀬織津姫さんを巡る旅に続いて、今「生と死を司る女神」と言われている、菊理媛さんを巡る旅に出ています。それで役行者さんに、何かお話を伺えないかと思って…

役行者 ………

あ …いえ、率直に申し上げるならば、瀬織津姫さんを巡る旅の時に、やっていただいたように、もし可能ならば、僕に呪術を掛けていただいて、あの当時、役行者さんが生きた時代、菊理媛も登場する『日本書紀』が描かれた時代に、僕の意識を飛ばしていただけませんでしょうか？

13話目　伝説の男、再び

あ　その時代を知るために見合うだけの知識と覚悟は、身に付けてきたつもりです

役行者　………。何を求める…？

あ　何を求める、とは…？

役行者　以前の瀬織津姫の旅の時も聞いたかもしれんがの、お主はこの菊理媛の旅の先に、何を求める？

あ　………。僕はこの４月に父を亡くしました

あ　その父の魂が一体、どこに行ったのか？　その答えを知りたい。「生と死」、生まれ変わりというものは、生きとし生ける者すべてが避けることのできない、永遠の課題だと思います。その「魂の行く末」という、人が抱える、永遠の課題について、この時代に、何か一つの答えを導き出したい

役行者　………

あ　そう思って僕は今、この「生と死を司る女神」、菊理媛を巡る旅に出させていただいています

…自分自身の決意を知ってほしかったからか、意を決し、敢えて強調するぐらいの強い気持ちで、僕は役行者さんにそう言葉を発した。
…しかし…？

役行者　………。…無理じゃよ
あ　…え？
役行者　…無理じゃ。今のお主では、耐えきれるものではない…
あ　…今の僕では、耐えきれるものでは、ない…？
役行者　…今、この時代にもまだ…、爪跡を遺し続ける…、あの時代の、「忌まわしき血とされた穢れの始まり」には…。何人(なにびと)も…、見るに耐えきれるものではない…

…そう言うと、役行者さんは険しい表情を浮かべて、姿を消

13話目　伝説の男、再び

していった。

その去り際の表情には、どうしようもない現実に抗（あらが）いながらも、しかし恐らく、どうすることもできずに、打ちのめされた男だけが持つ、深い悲しみの皺が刻まれていたように見えた…。

14話目　八百万の神々と共に

役行者　…無理じゃ。今のお主では、耐えきれるものではない…

神のことを知るためには、その神のことが描かれた、神話の時代を生きることが良い。

そう思って、瀬織津姫を巡る旅の時と同じように、「伝説の呪術師」役行者に呪術を掛けてもらい、『日本書紀』が描かれた時代（600年代後半）に、意識を飛ばしてもらおうとしたものの…、

14話目　八百万の神々と共に

役行者　…今、この時代にもまだ…、爪跡を遺し続ける…、あの時代の、「忌まわしき血とされた穢れの始まり」には…。

何人も…、見るに耐え切れるものではない…

深い悲しみの表情と共に告げられたその言葉によって、断られてしまった荒川祐二。

…しかし、

前に歩まなければいけない。もう見て見ぬふりはできないところまで、来てしまっているのだから。

そうは言ったものの、どうすればいいかわからず、とりあえず僕が向かった場所は、某所にある、全国的に主に菊理媛をご祭神としている、白山神社。

基本的に僕の神さまを巡る旅は、その神さまに対する正しい理解がないと、神さまが姿を現してくれることはなく、この旅の初期に白山神社に行った時と今、

14話目　八百万の神々と共に

もしかしたら、何か感じるものが、違うことがあるかもしれないと、淡い期待を抱いて、白山神社へ来てみたものの…。

ペコリ、ペコリ、パンパン、ペコリ…。（二礼二拍手一礼）

こんな疑問だらけの状態では、もちろん菊理媛が姿を現してくれることなどなく…。

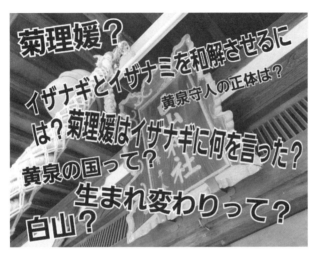

菊理媛?
イザナギとイザナミを和解させるには?
黄泉守人の正体は?
菊理媛はイザナギに何を言った?
黄泉の国って?
生まれ変わりって?
白山?

さて一体、これからどこに向かえばいいのか…。そう思って、途方に暮れそうになった、その時だった。

あ　どうも

14話目　八百万の神々と共に

ス　お困りのようやな
あ　えぇ、本当にそうですね。スサノオさんがスパッと、答えを教えてくれたら楽なんですけどね。僕自身の魂の成長のために、それをしてくれることはないことは、重々承知していますけども
ス　うむ、そのとおり。神道は神「道」であり、決して神「教」ではない。道はあくまで自らの手で求め、深めていくものや。
　そのために繋がるヒントを与えることはあっても、決して答えそのものを教えることはない。ただ…
あ　？
ス　ヒントやろか？
あ　ぜひ。お願いします
ス　お前にとって、一番の財産はなんや？
あ　僕にとっての一番の財産…？　…大量の自撮り写真…
ス　やめとけ、このスーパー自己愛モンスターが
あ　（笑）冗談です（笑）
ス　お前に限らず、人間にとっての一番の財産であり宝物は、「経験」や
あ　…経験が、一番の財産であり宝物…？
ス　そうや。人は経験があるからこそ、これからの未来を生きる上での、適切な判断ができる。また経験があるからこそ、その経験の土台の上に、新たなる経験を積み上げることもできる。
　困ったときや行き詰まったときは、一度立ち止まって、過

去の経験や、今自分が持っているものを整理して、そこに何かヒントが隠されてないか、照らし合わせてみる。

そうしたら何か、新しいものが見えてくることがある

あ …なるほど

ス で、ここまで話した上で、お前にとって、これまでの俺たち神々と過ごしてきた時間の中で、一番の大切にするべき経験は何や？

あ …たくさんの、神さまたちとの出会い…？

ス そうや。昨年夏の『日本の神を巡る旅』、この冬の『瀬織津姫を巡る旅』、そしてこの『菊理媛を巡る旅』。すべては繋がっていないようで、きちんと繋がっている。

14話目　八百万の神々と共に

お前は「今」、「今」だからこそ、菊理媛について書く必要があり、その準備が実は、お前も気付いていない、見えないこれまでの経験の積み重ねの上で整っているからこそ、今この状況を迎えている。そのことをしっかりと理解した上で、一人で頑張ろうとせず、しっかりと八百万の神々の力を借りるように。いつだってみんな、お前を見守ってくれてるんやから

…。
……。
………。
…………。

どんなときでもそうだけど、自分のことは、わかっているようで、わかっていないことが多い。自分でもわかっていないところで、これからの未来に向けたヒントがある。
そう思って、一度これまでの自分の、過去と経験を、振り返ってみよう。
そう思ったその瞬間、僕の脳裏に突然、あるもう一柱の、伝説の神の姿が思い浮かんだ。

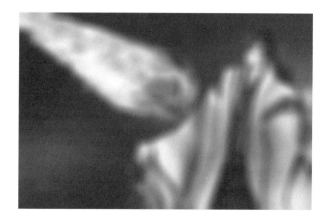

15話目　ニギハヤヒが語る闇

ス　困ったときや行き詰まったときは、一度立ち止まって、過去の経験や、今自分が持っているものを整理して、そこに何かヒントが隠されてないか、照らし合わせてみる。そうしたら何か、新しいものが見えてくることがある

…スサノオさんの、その言葉をヒントに、菊理媛へと繋がる手がかりを求めて、この日僕らが向かったのは…？
大阪は交野市にある、「磐船神社」。

そう。わかる人にはわかる。
ここにはあの、菊理媛、瀬織津姫と並ぶ、「伝説の神」が祀られている。

その名は、「この世の始まりを告げる神」、または、「破壊と創造の隕石の神」とも言われているニギハヤヒ。

なぜ僕らが、ここへ向かったのか？

それはこの、磐船神社の地は、「生と死、生まれ変わりを司る女神」、菊理媛と同じ、ある意味の、「生まれ変わりの地」とも言われているからだ。

15話目　ニギハヤヒが語る闇

その理由を説明する前に、まずはきちんと、ニギハヤヒさんに心を込めて参拝をする。

ペコリ、ペコリ、パンパン、ペコリ。（二礼二拍手一礼）
…そして、そこに…？

「この世の始まりを告げる神」、ニギハヤヒさんが姿を現した。

ニギハヤヒ ………。…暫くだな…
あ ニギハヤヒさん、こんにちは…
ニギハヤヒ …用はなんだ…? 手短に言え…

…ニギハヤヒさんの、突き刺すような神威は、いつの時も変わることがなく、ただその前に立っているだけで、剣の切っ先を喉元に突き付けられているような、そんな気になる。
前回の瀬織津姫を巡る旅の過程で、ニギハヤヒさんの歩んできた歴史を知り、距離が縮まったとはいえ、それと馴れ馴れしくなれることとは、関係がない。
この神は、誇り高き、偉大な神なのだ。

15話目　ニギハヤヒが語る闇

あ　…今、「生と死を司る女神」、菊理媛を巡る旅に出ています

ニギハヤヒ　………

あ　その中で、この磐船の地もまた、「生まれ変わりの地」であるということを知りました。今日は実際にそれを「体験」したいと思い、来させていただきました

ニギハヤヒ　…そうか。では、行ってくるがよい

ニギハヤヒさんはそう言うと、視線で僕らを、ニギハヤヒさんのお社を背にして、右側へと向かうように促した。
…そう。ニギハヤヒさんの視線の先にある、この地に於ける、岩と岩の奇跡の配置によって出来上がった、自然の造形物。「岩窟巡り」こそが、この磐船の地に於ける、「生まれ変わりの地」なのである。

※ここからは写真撮影禁止なので、イメージ画像でお届けさせていただきます。

最初の階段を降りていくと、そこにはまるで、神秘的な異世界が広がっている。

人間の力では到底作ることができないのではないかと思える

15話目　ニギハヤヒが語る闇

ような、大小様々な岩の配置によって作り出される、奇跡の岩窟。

1000年以上、どんな自然災害によっても崩れることなく、その造形を維持しているという岩窟の中を、時に身を屈めながら、手をつき、尻もちをつき、時に服が汚れることも気にせずに、様々な体勢でくぐり抜けていく。

この時、「菊理媛（ククリヒメ）」というのは、この「くぐ（く）り抜ける」の、「くぐ（く）り」という言葉から、その神名が付けられたのではないかと頭をよぎったが、今この時はまだそれは、確信的なインスピレーションにまでは至らなかった。

岩窟の中にあるのか？　と思うような、小さな滝を横目に、一歩ずつ、一歩ずつ岩窟を進んでいくと、この岩窟最大の難所がやってきた。

それは本当に、人が一人ようやく通れるほどの、狭い縦穴。どれだけ足を伸ばしたところで、先の地には足が届かないような、この岩と岩で出来た穴の中を、今からくぐり抜けなければいけない。

岩窟の中でも、ほとんど光の届かないこの暗闇の地を、ゆっくりゆっくりと、歩みを進めていく。

怖い…。時折、本能がそう言っていた。

しかし、体勢を変えて、様々な工夫を凝らしながら、ゆっくり、ゆっくりでも、歩みを進めていくと…。

あ　はぁ…はぁ…。あ、足が、つ、着いた…
　ようやくその縦穴をくぐり抜けることができ、それと同時

に、僕の前に、まさしく音が鳴るように、パァーっと光が射し、深緑の景色が広がった。

自然と流れてくる涙と同時に、僕は思った。
あ …これって…
ニギハヤヒ …そう。これが…、「生まれ変わり」

見るとそこには、ニギハヤヒさんの姿があった。

15話目　ニギハヤヒが語る闇

あ　…これが…生まれ変わり…

ニギハヤヒ　先ほどお主がくぐり抜けた縦穴は、母親の産道を表している。光の射さない、細く、狭い穴。そこを不安と恐怖に立ち向かい、打ち勝ちながら、前へ、前へと進んでいく。くぐり抜けたその先に、突如として光が溢れる世界が待っている…

あ　…本当に…ここは…、まるで出産と同じ…なんですね…。ちなみにさっき、岩窟をくぐり抜けている時、この「くぐり抜ける」という行為が、「菊理媛(ククリヒメ)」という名前に、関連しているのではないかと思ったのですが、それは…

ニギハヤヒ　…確かに一部ではあるが、それが彼の者を表す、すべてではない…

あ　…はい。でもすごく、神秘的な体験をさせていただきました。…ありがとうございます

ニギハヤヒ …お主は今、何を思う…
あ 何を思う、とは…？
ニギハヤヒ 生まれ変わりを経て今、その心に何を思う…

その言葉と同時に、ニギハヤヒさんは僕を、まっすぐ見つめた。
そのあまりの見据える目の力に、正直覚悟をしていなかった僕は、動揺してしまい、ついごまかすように言ってしまった。

あ えっと…。えっと…なんて言えばいいんでしょう…。何だか良いもんだなぁって。
　つらいときとか、苦しいときにここに来れば、確かに生まれ変われる気持ちで、気分転換にもなるのかなぁって、ハハハ…

そんな僕に対して、怒られるかとも思ったが、幸いにもそんなことはなく、ニギハヤヒさんは、変わらずに僕をまっすぐ見据えながら言う。

ニギハヤヒ …お主とは浅からぬ縁がある。それが故に、この言葉だけを伝えよう…
あ …え？

…そう言うと、ニギハヤヒさんはゆっくりと、言葉を発した。

15話目　ニギハヤヒが語る闇

ニギハヤヒ　いつのときも、人の信仰があって初めて、神は形となる。生まれ変わりの女神がいるならば、生まれ変わりを望んだ者たちがいる、ということだ

あ　生まれ変わりの…女神がいるなら…、生まれ変わりを望んだ者たちがいる…？

ニギハヤヒ　…あらゆる艱難辛苦(かんなん)に耐え、人の世の不条理を嘆き、それでもその身に闇を引き受けて、生きなければならなかった者たちの物語…。…古き時代の話だ…

…それだけ言うとニギハヤヒさんは、一瞬遠くを見つめて、姿を消していった。
なぜだろうか。その姿から少しの寂しいという感情を、感じた自分がいた。

…役行者さん、ニギハヤヒさん…。

…神さますらも嘆かせるほどの、一体なんの出来事が、この日本にあったというのか？
そしてニギハヤヒさんの言う、「古き時代の話」とは…？
光と闇、希望と絶望、人の歴史と神の歴史が交錯する、「生と死を司る伝説の女神」を巡る物語は、今日この生まれ変わりの地での体験のように、見えない闇の中を、手探りで進んでいく。
しかしこの磐船神社という、「生まれ変わりの地」で僕は、その先に必ず光があることの確信と、新たな命を得ることができた。
同時に、「この世の始まりを告げる神」、言い換えるならば、「破壊と創造の隕石の神」の後押しを受けて、これまでの停滞していた、物語の空気が破壊され、ここから一気に、新たな物語が創造されていく。
そんな予感を胸に宿していた。

16話目　天武天皇に会う

ニギハヤヒ　生まれ変わりの女神がいるならば、生まれ変わりを望んだ者たちがいる、ということだ。
　…あらゆる艱難辛苦に耐え、人の世の不条理を嘆き、それでもその身に闇を引き受けて、生きなければならなかった者たちの物語…。…古き時代の話だ…

「この世の始まりを告げる神」、ニギハヤヒさんは、確かに僕に、そんな言葉を残した。
そしてそれより以前には、「神話の時代を生きた、伝説の呪術師」、役行者さんは、僕にこう言った。

役行者　…今、この時代にもまだ…、爪跡を遺し続ける…、あの時代の、「忌まわしき血とされた穢れの始まり」には…。何人も…、見るに耐えきれるものではない…

と。

この二つの言葉に共通している、「時代」という言葉。
これは確かに、同じ時代のことを指していると言って、間違いはないと思う。
そうであれば僕は、その「時代」のことを、その時何があったのかを、知らなければいけない。
それが必ずいつか、菊理媛という、「生と死を司る伝説の女神」へと繋がる、糸口となるのだから。

そう考えた僕らはこの日も、車である場所へと向かった。それは奈良県明日香村にある、「天武・持統天皇陵」。

16話目　天武天皇に会う

ここは前回の、瀬織津姫を巡る旅でも来た場所であり、この時僕はこの場所をきっかけに、天武天皇と持統天皇が二人三脚で、国家を作るという過程の中で、瀬織津姫さんとニギハヤヒさんを封印せざるを得なかった、「人」の歴史の背景を知ることができた。
しかし同時に国家という、壮大な「枠組み」を作ったことによって起きた、反乱や弊害を知り、その時の持統天皇、天武天皇の苦労を垣間見ることができ、その当事者である持統天皇の魂を解放することも行った。

そして今回、「生と死を司る伝説の女神」菊理媛を巡る旅。
その菊理媛という存在はこれまでに何度も言っているが、『日本書紀』という『古事記』と並ぶ日本神話の中に、たった2行だけ。
「イザナギとイザナミが黄泉の国で争い別れた後、菊理媛という神が現れて、イザナギに何かを言った。イザナギはこの言葉を聞いて、頷き、深く納得し、ほめられた」。

ここにしか登場せず、それ以外は、そしてそのイザナギに言った言葉すらもすべて、謎に包まれている。

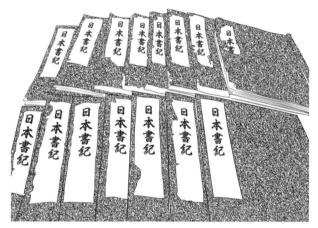

瀬織津姫さんやニギハヤヒさんという存在が広まることが、「人」の歴史にとって都合が悪いことがあったから、謎の存在とされていたように。

これまでの経験に照らし合わせると、人が作った（書いた）神話の中で謎とされる存在は、「謎としておくべき必要があったから、謎とされている」。そこには必ず、人の歴史の裏側が隠されている。

そう思った僕はそれこそ、その神話を作った張本人でもある持統天皇に再び、話を聞きたいと思いこの場所に来た。

16話目 天武天皇に会う

この大和の地(奈良)に来ると、いつも思うのだが、吹く風は爽やかなのだが、どこか物悲しく、いつも何かを訴えかけているような、そんな空気をどこかで感じている。
一体この風は僕に、何を伝えようとしているのか…?
そんなことを思いながら、持統天皇が鎮まる地にて、心を込めて参拝する。

そして、そこに…？

かつて、「史上最悪の女帝」と呼ばれ、しかしその真実は、「亡き夫の掲げた意志を継ぐために、鬼とならざるを得なかった一人の女性」、鸕野讚良(うののさらら)こと、持統天皇が姿を現した。

持統 こんにちは

魂の解放を経たから故か、前回の旅で初めてお会いした時とは、見違えるような様相で、「一人の女性」持統天皇は、僕らを迎えてくれた。

16話目　天武天皇に会う

前回初登場時の持統天皇

あ　こんにちは…。あの、今日は少しお伺いしたいことがあって、お邪魔させていただきました…

持統　あなた様にはご恩もございます。私にできることであれば、お力になることができればと思いますが。…何でしょう？

あ　今僕らは、瀬織津姫さんに続いて、「生と死を司る伝説の女神」と言われている、菊理媛を巡る旅に出ています

持統　…菊理媛…

僕がその言葉を発すると、持統天皇は目をそむけるようにして、おもむろに様子を変えた。
その表情は角度を変えたからか、ハッキリとはわからなかったけれど、何か申し訳のないことでもあるのだろうか？　少し伏し目がちなその表情が、気になった。
それでも僕は躊躇(ちゅうちょ)することなく、持統天皇に聞いてみた。

あ　…あの…。菊理媛について何か、知ってらっしゃることはあるでしょうか…？
持統　………

僕がそう言うと、持統天皇は何か考え事をしているのか、それとも言葉に詰まっているのか、今度はハッキリと下を向く形で、黙り込んでしまった。

…。
……。
………。
…………。

どれだけの時間が経ったのだろうか…。
…しかし、先人たちに対する敬意故、答えを急ぐようなこともしたくない。
そう思った、その時だった。

持統　ここでは…。お話しすることはできません…
あ　……？　ここでは…とは…？
持統　主人に…。我が夫 天武に会わせましょう。ここ（天武・持統天皇陵）ではなく、主人が最も魂の輝きを増していた場所は宮滝。かつて、この国を思い、立ち上がった地にて

16話目　天武天皇に会う

…予感がしていたとおり、物語が急速に音を立てて、動き始めた。
一体この旅は僕を、どこへ連れて行こうとしているのか。そして神は、これまでの人の歴史は、僕に一体何を伝え、何を伝えさせようとしているのか。思いもよらない形で、これから僕は、その圧倒的なカリスマ性と力によって、『獅子』とも呼ばれ、「たった一人の思いから、今この何千年と続く、国の礎を築いた男」、天武天皇という伝説の男と対面することとなった。

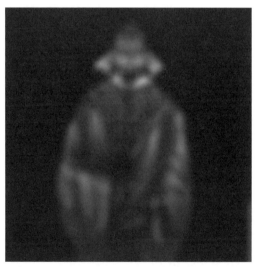

17話目　ミッチーの登場

持統　主人に…。我が夫 天武に会わせます。ここ（天武・持統天皇陵）ではなく、主人が最も魂の輝きを増していた場所は宮滝。かつて、この国を思い、立ち上がった地にて

かつて、多くの神々を封印したことで、「史上最悪の女帝」と呼ばれ、しかしその真実は、亡き夫 天武天皇の意志を継ぐために、鬼とならざるを得なかった、一人の女性 持統天皇。「生と死を司る伝説の女神」菊理媛は、『古事記』と並ぶもう一つの日本神話『日本書紀』にのみ、その姿を現しており、だからこそ、その『日本書紀』が書かれた時代を生きた、いや何より、その『日本書紀』を作った張本人の一人でもある持統天皇に、何か菊理媛に繋がる手がかりがないかを聞きにいったところ、返ってきた答えが、冒頭の「天武天皇に会わせる」、ということだった。

一体この先に、どんな未来が待っているのか。
それは僕にはまだ、わからないけど。
現代まで続く、この日本という国の礎を、1000年以上前に築き上げたと言われている「伝説の男」、天武天皇を前にして、一体僕はどんな話をすればいいのか。

現代の人でも、神さまでも同じ。
会いに行くときには、もちろんそれなりに、相手のことをしっかりと学び、できる限り、相手に対する理解を深めた上

17話目　ミッチーの登場

で、会いに行くことが礼儀である。
そう考えた僕は、以前の瀬織津姫の旅の時にすでに、ある程度、天武天皇の功績については学んだつもりだったが、天武天皇にお会いする前に、もう一度しっかりと学び直そうと思って、この日ある場所へと向かった。

それはTeamスサノオの一員であり、「学問の神」菅原道真公こと、ミッチーが鎮まる、ここ大阪天満宮。

相変わらずのハイテンションで、ミッチーが僕に語りかける。

道 どうされました？ どうされました？ どうされました???? っと言っても、もう私、私、私と、荒川さんは旧知の仲。言われなくとも、用件、用件、用件は、わかっているのですが、ね!?

17話目　ミッチーの登場

あ&ス　（…ホンマこいつ、テンション高いわ…）

あ　…あの、僕、今度天武天皇に会いに行きます…。その上でもう一度、天武天皇という御方の歩んできた人生について、詳しく知っておきたいです

道　…天武天皇…ですね。私、私、私が生きた時代よりは、少し前にはなりますが…（天武天皇は7世紀後半、ミッチーは9世紀半ば）。
　もちろんその存在は、「伝説」として語り継がれております…

あ 一体天武天皇のどういったところが、「伝説」と呼ばれる理由なのでしょうか…？

道 荒川さんは、どの程度天武天皇について、知っていらっしゃいますか…？

あ もちろん前回の瀬織津姫を巡る旅の時に、最低限のことはしっかりと、勉強いたしました。天武天皇前の天皇、天智天皇（天武天皇の兄）。

その天智天皇の時代の専制的な政治や、権力体制の腐敗に対して怒り、この国の行く末を案じて、反乱を起こした「壬申の乱」

17話目　ミッチーの登場

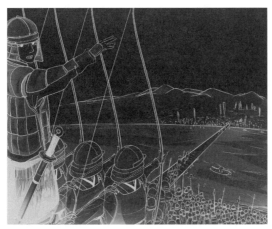

あ　その日本史上最大といわれる内乱に、自らの命運をかけて勝利したことによって、王となった天武天皇は、その後物凄い勢いでこの国の礎を築いていったといいます

道　………

あ　ざっと並べるだけでも、まだ当時この国になかった、憲法の礎となる「大宝律令」の前身となる、飛鳥浄御原令の編纂。八色の姓の導入により、天皇制を中心とした新たなる身分の秩序を作り出し、また当時全国各地、様々な形で執り行われていた神さまを祀る祭儀を体系的に整理し、「神道」を形成。

そして同時に、国家の政策として仏教を保護し、宗教という枠すらも超えて、国家的な学問としても取り入れた。これら天武天皇の功績の、ほんの一部をかいつまんだだけでも…

道 ………

あ …天武天皇が生きた時代（7世紀後半）から、1000年以上という時間が経った21世紀のこの現代にまで、天武天皇が築き上げたこの国の礎が確かに今もまだ、脈々と生き続けている。
これがたった一人の男の意志と行動から始まったと思えば、その意志の強さと実行力が、僕なんかの頭では想像し切れない。一体どれほどの思いの強さがあったら、そんなことができるんだろうと…

道 …そこまでわかっていらっしゃるのなら…、…またその話しぶりから察するに、そういった中立の観点で、天武天皇のことを見ていただけるのなら…。私から荒川さんにお伝えできることは、ただ一つです…

あ …はい…

僕がそう言うと、ミッチーはいつもの明るい雰囲気とはまったく違う、引き締めた表情で、僕の目をまっすぐに見つめて言った。

道 …古き体制を壊し、新たなる秩序を作り上げるときには、いつのときも痛みが伴うものです…。ましてや国を作るとなれば…。光が強ければ、闇もまた深くなるように…。
しかしそこには、悪意などないのです…。ただ、致し方なかったのです…。致し方なかったのです…

あ ………。…どういう意味でしょうか…？

17話目　ミッチーの登場

道　…どうぞ荒川さんには、この国が歩んできた歴史の光と闇を、正しき形で、伝えていただきたい…。
　そして天武天皇の苦しみと、虐げられた人々の、痛みと悲しみを…

…。
……。
………。
…………。

かつてスサノオさんが、僕に言ったように。神さまは実体がないからこそ、神さまが望むことをしてくれる人間に、無限の力を授けてくれるという。一体神さまたちは、僕に何をさせようとしているのか。そして何を、訴えかけているのか。ただここまで来た運命ならば、黙してただ受け入れる。その先に必ずある、菊理媛という神の正体と、この旅を始めるきっかけとなった、人の魂の行く末の、そのすべてを照らし出してくれるはずの光を信じて。

18話目　伝説を作った男

道　…どうぞ荒川さんには、この国が歩んできた歴史の光と闇を、正しき形で、伝えていただきたい…。そして天武天皇の苦しみと、虐げられた人々の悲しみを…

いつも明るくて愉快な、ミッチー（菅原道真公）が、真剣な表情で僕に訴えかけた、その言葉の真意は一体何なのか？
その答えを知るために僕らは、いよいよ、『たった1人から、この国の礎を築いた伝説の男』、天武天皇の待つ、奈良県は吉野町にある、「宮滝遺跡」へと向かった。

ここはかつて、天武天皇がまだ、大海人皇子と呼ばれていた頃、この国の未来を憂えて、この地から挙兵をした場所だという。前回の瀬織津姫を巡る旅の時にも、僕はここに来たの

18話目　伝説を作った男

だが、あの時と同じように今も、この場所には風が吹いていた。
強く、爽やかな風でありながら、同時に何かを訴えかけているような、どこか物悲しさを感じる風だった。

一体ここでこれから僕は、天武天皇の魂と、どんな話をすることになるのか？　僕らが到着すると同時に現れた、持統天皇の魂に頭を下げてお願いし、天武天皇の魂の出現を待つ。

…そして、そこに…。
たった一人から、この国の礎を築いた伝説の男、天武天皇が その姿を現した。

天武 ………

18話目　伝説を作った男

言葉も無く、ただジッと僕を見据える天武天皇。魂という世界に於いては、実際の距離という概念はないのだろうが、天武天皇から発せられるその威圧感は、離れているようで、まるで僕の眼前に、その魂が迫ってくるように感じられるほどだった。

これはまさしく、獅子である。
それと同時に僕は、ふとその天武天皇の背後に、天照大神の幻影を見た。

…そう。
かつて天武天皇は、美濃（岐阜）の地で火ぶたが切られた
『壬申の乱』に臨む際、今の三重県四日市にある遥拝所から
遠く伊勢の地を遥拝し、天照大神に戦勝祈願をしたという。

そして日本史上最大といわれる内乱に勝利し、その後国の礎
を築いていく中で、『古事記』を作り、『日本書紀』を作り、
全国各地の祭儀・祭礼を、天照大神を頂点とする形で統一し、
現代にまで繋がる神道を形成した。

18話目　伝説を作った男

言うなれば、この何千年と続く日本の国、人の世界に於いて、天照大神という神の存在を確固たる地位に築き上げたのは、この天武天皇なのだ。

「神をも恐れぬ」とは、このことを言えばいいのだろうか…。
僕が目の前にしている天武天皇は、確かに人の魂にも関わらず、これまで出会ってきたどの神さまにも劣らない、この世のすべてを圧倒しなぎ倒してくるような、魂の強さを感じる。

天武 ………

…しかしまっすぐに、僕を見据えたまま、まったく微動だにしない天武天皇。伝説の人物を目の前にして、しかしそれでも何か、行動は自分で起こさなければいけない。
そう思った僕は、勇気を振り絞って、言葉を発した。

18話目　伝説を作った男

あ　あ、あの…
天武　無礼者っ!!
あ　…っ!?
天武　朕(ちん)を何と思うぞ!!　汝(なんじ)ごとき一民が、朕に言上を試みること自体、無礼と思え!!

ドンッ!!

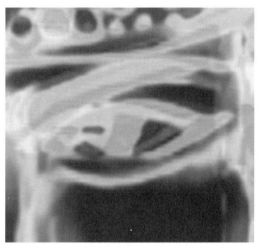

天武天皇のその言葉と同時に、僕は何かの衝撃に吹き飛ばされるような圧力を感じて、気を失った。
…今までこんなことは、どの神さまの神威に触れた時だってなかった。
これまで多くの神さまたちとの出会いで、磨いてきたはずの

自分自身の魂にも、この胸にある与えられた使命にも、それなりに自信を持ってきたつもりだった。
なのに…。
一体なぜ…。どうして…。
頭が混乱すると同時に、意識が遠のいていく…。そうして完全に意識が途切れそうになった、その時…。僕の脳裏に、在りし日の天武天皇の姿が、映し出された…。

19話目　天武伝説

大海人皇子(おおあまのみこ)（631〜686年）。
後の天武天皇となる青年は、先代 天智天皇の弟として生まれ、幼少期より山河を愛し、王族でありながら民を好み、民と寄り添う生活をするという、人が好きな若者だった。

当初は兄弟仲も良く、兄が大王（天皇以前の王の呼称）に即位してからは、皇太弟として兄に協力し、共に執政を行った。当時の王位継承は、能力や経験、実績を基に行われ、天智天皇の後は、その弟であり大王を支えていた経験と実績を持つ大海人皇子こそが、次の大王となることは確実視されていた。…しかし…。

権力というものは、人を変えてしまうのだろうか。年月の経過とともに、天智天皇の執政は苛烈を極めるようになり、地方の豪族や民への理不尽とも思える税の搾取や、天皇の私的な好みや血縁による要職への人材登用が目立ち始め、この国の屋台骨は揺らぎ始めようとしていた。

大海人皇子 …このままでは…。この国はどうなるのか…

国を思い、民を思い、これからの未来の行く末を、案ずれば案ずるほどに、大海人皇子の気持ちが、晴れることはなかった。

19話目　天武伝説

ふと横を見ると、自分の心持ちがうつってしまったのか、妻である鸕野讚良（うののさらら）（後の持統天皇）もまた、心配そうな顔をしていた。

鸕野讚良　…あなた…
大海人皇子　………。なぁに心配はいらない、大丈夫さ。いつか兄上も、気付いてくださることだろう。本来国を思い、民を思ってくださる方だ…

そう言って、大海人皇子はニコッと笑った。同時にいつか、自分自身が大王の立場になれたなら、民の誰もが安心して、みんなが共に笑い合える、素晴らしい国を作っていこう。そう心に誓っていた。
…しかし…。
そんな大海人皇子の気持ちを、天智天皇は裏切ってしまった。本来天智天皇の弟であり、実績と経験もある、大海人皇子が継承するはずの王位。
それを我が子かわいさゆえか、自分の子どもである大友皇子に継がせようと、太政大臣という、大海人皇子がこれまで、果たしてきた仕事と重なる新たな役職まで設け、さらに能力ではなく、血統を優先する世襲制へと変えようとし、天智天皇の周囲もまた、それを受け入れるよう、大海人皇子に圧力をかけた。

大海人皇子　…兄上…っ！　…ここまで…ここまで…か…っ!!

さらに、その大友皇子とは、数いる中でも身分の知れない女官と天智天皇との間に生まれた子どもであるという。

血が滲み、歯が砕け散るほどの、悔しさを押し殺し、それでも自らが引き下がらなければ、この国に混乱を招く。

そう感じた大海人皇子は剃髪し、妻と少しの側近と共に、吉野の地に隠遁した。

やがて天智天皇は病に倒れ、その息子である大友皇子が後継に立った。

…しかし、である。

その王位継承に納得がいかないのは、大海人皇子だけではなかった。これまで天智天皇の専制的な執政に苦しめられてきた地方豪族、そして民たち。その誰もが、天智天皇のあり方から、そのまま継承されていく国のあり方を、良しとしていなかった。

その期待を一身に背負うこととなった、かつて大王になるはずだった男、大海人皇子。

しかし自分が立ち上がることによって、この国にどれほどの混乱を引き起こすことになるのか…。

そう思い、決断ができない中でも、大海人皇子の周囲の熱は高まるばかりで、入れ代わり立ち代わり、多くの人々が挙兵を促すために、大海人皇子の住む吉野を訪れた。

…その怪しい空気を察知したのが、天智天皇の実子として、その後を継ぎ、「大王」を名乗っていた、かつての大友皇子(おおとものみこ)だった。

19話目　天武伝説

大友皇子　どうやら…吉野の地に、きな臭い話があるようだな…

自らの政治の安定のため、不安分子は抑えつけなければいけない。
そう思った彼は、大海人皇子を攻め滅ぼすことを決意した。
そして大海人皇子もまたこの計画を察し、いよいよ挙兵することを決意した。
ここに日本史上最大の内乱と言われる、『壬申の乱』が勃発した。
大海人皇子が妻と共に隠遁した際には、わずか数十名の供を引き連れるのみだったが、しかしこの大海人皇子が、吉野の地を再び出発する時その兵の数は、地方豪族や有志の民も含

め、たちまち数万にも膨れ上がっていたという。
心優しく、
妻を愛し、
民を愛し、
誠実で、強く、
人を引き付ける魅力に溢れた、
この男に誰もが期待をしていた。

大海人皇子　天照大神様…。どうか我に力を…

決戦の地である美濃へ向かう途中、大和（吉野）から伊賀を経て伊勢国に入り、朝明郡（現在の四日市市・菰野町北部）の、迹太川のほとりにて、大海人皇子は、自らが心酔していた、「太陽神」天照大神に、必勝を誓った。

19話目　天武伝説

以降、大海人皇子の軍勢は、破竹の快進撃を続け、吉野を発ってから、わずか1か月。
敗戦が確実なことを悟った大友皇子の自決によって、日本史上最大の内乱は、幕を閉じた。
そして大海人皇子はその後、先の都であった近江大津宮（現在の滋賀県）から、飛鳥に都を戻すべく、飛鳥浄御原宮を造営。その地にて即位し、天武天皇となった。
すべての民の期待を一身に背負った男は、その期待に応え、暗雲たれ込んでいたこの国に、確かに新たなる未来を拓いた。
しかし…。
それは同時に、大海人皇子という、妻を愛し、民を愛した心優しき一人の男にとって、「王」という、修羅とならざるを得ない、苦しみの人生の始まりでもあった。

20話目　血の穢れの始まり

「大君は神にしませば」。

これは万葉集にもある、天武・持統天皇の時代を生きた歌人、柿本人麻呂が詠んだ和歌だが、この和歌こそが、天武天皇の治世そのものを表している、と言っても過言ではない。
命運を賭けて挑んだ、日本史上最大の内乱「壬申の乱」に見事勝利し、王の座を勝ち得た大海人皇子こと、天武天皇。

しかしこれから王として、この国の未来を見据えた時、抱える問題は山積みだった。

どんな時でもそうだが、勝った後こそが大変であり、勝者にこそ、その後の真価が問われるのだ。
そもそも国というものの、屋台骨が揺らぎ始めていたことを憂いて、立ち上がった戦。
勝ったとはいえ、その後の国作りが上手くいかなければ、今回は味方をしてくれたとしても、再び国の体制に不満を持つ地方豪族たちは、虎視眈々と権力の座を狙って立ち上がってくる。
また民自身も、この時代未開の地であった東北や蝦夷地などに住む、まだ見ぬ部族たちも、国のかじ取りを誤れば、反乱を起こしてくるのかもしれない。
そうなってしまうと、国は再び乱れ、元の木阿弥ではないか…。
天武天皇自身もその後、王となったが故に、傾いた国を建て直すために、立ち向かわなければいけない様々な問題に直面し、その壁の大きさに、すでに打ちのめされそうになっていた。
「一体どうすれば、この国が1000年続くほどの、
土台を築き上げることができるのか…」
天武天皇は悩みに悩み、一つの結論を出した。
まずは、「人」である。
人があってこそ、国がある。人をなくして、国はない。

20話目　血の穢れの始まり

まずは徹底的にこの、「人」の心を掌握することこそが、新たなる王になる者にとって、大切なことである。
そう考えた天武天皇は、まず自らが、「神」になることを誓った。

天武天皇は、隣国唐の国政を模範としようとしていた。その唐の国教が「道教」。道教の教えの最たるものは、【「道（天と同義）」と一体になるため、天に従い修行をして不老不死となり、仙人になることを目指す】こと。
道教の最高神は老子であり、老子もまた、神が降りた「人」であったという。

だからこそ、天武天皇もまた、自身が敬愛する老子と同じように、「人でありながら神」となり、神と同等の力を持ち、誰もが物言えぬ威光を持ち、その力と威光によって国を治めていこう。

20話目　血の穢れの始まり

そう強く、心に誓った。
そこからの天武天皇の治世は、冒頭の、「大君は神にしませば」。その和歌どおりに、進んでいくのだった。
まずは壬申の乱の勝利後、新しい国の体制として、自らの代わりとなって実務を行う大臣を置くことを拒み、天皇自らが統治する「皇親政治(こうしんせいじ)」を行った。また天武天皇自身も、「新たに天下を平し初めて即位す」と、広く天下に宣言し、これまでの王の称号でもある、「大王(おおきみ)」という言葉を廃止し、初めて「天皇」という称号を使用し、同時に「倭国」という国名を『日本』に改めさせた。
そうすることで、自らを天智天皇の後継者ではなく、新たなる国を作った「神」と位置づけたのだ。
同時に『古事記』と『日本書紀』の編纂を命じ、その中で自

らを保護し力を与えてくれた「天照大神」という神を頂点とし、また自身もその血筋を継ぐ者として、権威を絶対的なものとした。

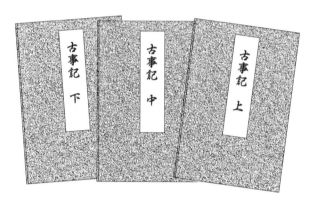

この時にタケミナカタや事代主はじめ、過去や当時に、自身（天武天皇）と敵対関係や、不満を持っていた豪族たちが信仰する神、また瀬織津姫やニギハヤヒのように、天照大神と同等かそれ以上の信心者を持つ神は、「都合の悪い存在」として、神話の中で時に貶められ、時に違う形の神として表記され抹殺された。

20話目　血の穢れの始まり

天武天皇が打った、この手の効果は絶大だった。
時の流れの中で、やがて人々は天武天皇を神と崇め、かつて妻を愛し、民を愛していた心優しき「大海人皇子」という青年は、自らを神「天武天皇」とすることで、その後も、この国初となる憲法作成の道筋づくりや、新たなる身分制度の作成、国学としての仏教や、また自身が人生の指針としていた道教の取り入れをはじめ、猛烈な勢いで新たなるこの国『日本』の土台を作り上げていった。

しかしこの、自らを神とする手法はいつの時代もそうであるが、本来の自分と作り上げなければいけない幻想の自分との間に、大きな差異を生む。

かつて心優しかった天武天皇は、自身を「神」であり続けさせるために、心を修羅へと変える必要があった。

この当時（7世紀後半）は、現代と違って、「国」といっても、その枠組みや統治体制はまだ、あってないようなものだった。

「国」とは言ってしまえば、税を収めることをはじめ、その地に生きる全員が守るべきルールと枠組みを作り、その枠組みの中に、その地に生きる人間を当てはめていくこと。

20話目　血の穢れの始まり

先に述べたように、この時の日本はまだ、各地方の豪族が虎視眈々と権力の座を狙い、同時にまだ見ぬ未開の部族や山に棲む者、海に棲む者たちにとっては、自分たちの知りもしない「人間」が勝手に神を名乗って、国の枠組みを作り、自分たちの自由な生活を管理しようとしたところで、そんなことは知ったことではないし、従うつもりもなかった。

この時、天武天皇は強く思った。

1000年と続く国の土台を築き上げるためには、そういった人間を野放しにしていては、「国」が成り立たない。

この国の隅々の人間に至るまで、神である自らの威光に従い、自らが築き上げた国の枠組みに入れてしまわなければいけない。そこに、情けなどいらぬ。
それがたとえ、力と恐怖で服従させるという形になろうとも…。

…それでも我に従わぬという者がいるならば…。

「血の穢れ」を与えよう…。

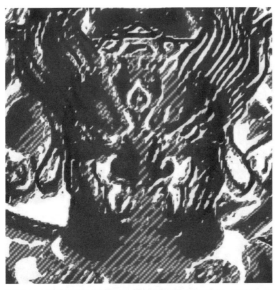

20話目　血の穢れの始まり

あ　……ハッ!!

その時の天武天皇の、あまりにも恐ろしい形相で、僕は目を覚ました。

しかしまだ、まどろむ意識の中、僕の脳裏に浮かんだ最期の天武天皇の姿は、すべての役目を終えて病に伏したまま、目の焦点も合わずに瞬きもせず、どこか一点を見つめ続けた枯れ木のような、白髪の老人の姿だった…。

21話目　血の穢れの答えを求めて…

…頭が痛い。
あの日以来、夢を見る。

『我に従わぬという者がいるならば、血の穢れを与えよう』。

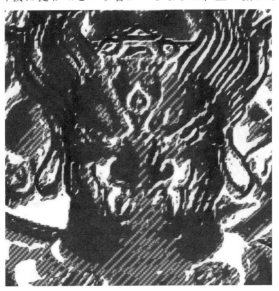

その言葉とともに、天武天皇の恐ろしいまでの、形相に触れてから、まるで何かの祟りに遭ってしまったかのように、頭が痛い。
そしてなぜか眠りにつくと、黄泉の国の番人「黄泉守人」が夢枕に立っては、黄泉比良坂に行ったあの時と同じように、「弱き者よ、弱き者よ…」と、僕に言葉を発し続ける。一体

21話目　血の穢れの答えを求めて…

その言葉はなぜ僕に、発し続けられているのか…？
…そして「血の穢れ」。
今回の菊理媛を巡る旅の中で、何度も何度も出てきている、神さまたちをも嘆かせてきた、この言葉。
僕はきっとこの言葉の意味を、知らなければいけない。
………。
…しかし正直に申し上げると僕は、この『血の穢れ』という言葉の意味を、天武天皇が発した「我に従わぬという者がいるならば、血の穢れを与えよう」という、その言葉と同時に、わかってしまっていた。
それは数千年という時を超えた、この現代でも、今も人々が抱え続ける「過ち」のこと。
その成り立ちを伝えるために今、僕は開いてはいけない歴史

の扉を開こうとしているのかもしれない。

それは決して、生半可な気持ちで伝えられることではなく、丁寧に、丁寧に、かつ慎重に、伝えなければいけない。
そう思った僕らはこの日、再びの、ある場所へと向かった。

? …本当に行くのじゃな？
あ …はい

天武天皇・持統天皇の時代を生きた、「伝説の呪術師」役行者。

21話目　血の穢れの答えを求めて…

その魂の鎮まる龍泉寺へ再び赴いた僕は、決意とともにこう告げた。

あ　もう…覚悟はできています。…どんな未来も過去も、受け入れる覚悟が…

役行者　………。お主にはこれまでにも聞いてきたが…、…その先に何を求める？

あ　………。…僕がいつもお伝えしていることと、同じになってしまうのですが。

人の歴史に於いても、神の歴史に於いても、あるべきものを、あるべき形で伝える。それが僕のこの人生に於ける、役割だと思っています。

たとえそれがもし、歴史上の極悪人だと言われていようとも、そこには確かに、その人たちがその時代を生きた、命の足跡があると思っています

役行者 ………

あ その積み重ねられてきた、数えきれないほどの歴史の足跡の、一番先に自分たちがいる。僕らがこれからの未来をしっかりと生きていくためには、過去になにがあったのか。これまでの人の歴史と神の歴史を、あるべき形で知り、伝え、そして今、それを知った上で、自分たちに何ができるかを、それぞれが考えて生きていくことが必要なのではないか、と思えるのです

役行者 ………。理解した…。それでは今からお主の意識を飛ばそう…。彼(か)の者の生きた時代へと…

あ 彼の者…？ 役行者さんの生きた時代ではなく…？

役行者 儂(わし)が生きた時代と同じ、天武・持統天皇の時代のことでもある…。

今からお主の魂は、ある若者の身へと乗り移り、その者の生きた時代を見てもらうこととなる…。遥か古代から現代に至るまで、数えきれないほどの人々の魂を救済してきた、一人の「勇者」の生きた時代をな…

21話目　血の穢れの答えを求めて…

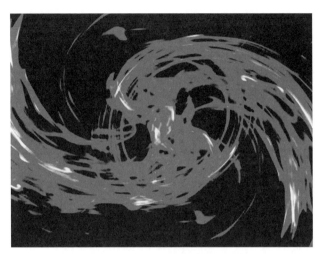

役行者さんがそう言うと、僕の視界がグルグルと音を立てるように、まわり始め、同時に辺り一帯が、燃え上がるように、真っ赤に染まりはじめた…。
…次に再び僕が目を覚ましたその時に、聴こえてきたのは、「やめろ!! やめろぉぉぉぉぉっ!!」という、ある男たちの叫び声だった。

22話目　勇者 泰澄の誕生

あ　…ここは…？

慣れない光景に困惑していると、脳裏に役行者の声が響いてきた。

役行者　…時は飛鳥の時代…。お主は今…、大海人皇子が壬申の乱に勝利し天武天皇となり、新たなる国づくりをしている場面に立ち会っている…。『血の穢れ』の真の意味を知るために、まずお主はこの時代のことを知らなければならぬ…

22話目　勇者 泰澄の誕生

役行者からの言葉が終わるとともに、まるで映画のように、僕の眼前にある光景が映し出された。

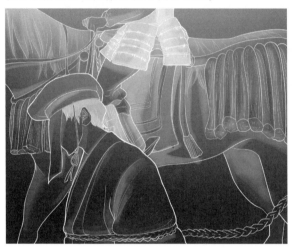

それは複数のある男たちが後ろ手に縄で縛られ、恐らく天武天皇…？であろう王のもとに、跪かされている光景だった。

あ　…これは…、一体…？
役行者　これは、「人形代」の儀式…
あ　…「人形代」って、今も大祓の日に使われる、あの「人形代」…？　まさかこんな時代から、あったなんて…

※「人形代」とは、人の身についた穢れや厄を移して，海や川に流すもの。

多くは人の形をした小さな紙を使って行うが，地域によってはわら人形や，食物を使うこともある。

あ　…それでなぜ、「人形代」の儀式が…？
役行者　…お主は覚えておるか…？　先だっての瀬織津姫の物語の際、彼の者、天武天皇が「史上最大の内乱」壬申の乱に勝利し、その後王となった時の気持ちを推し量り、お主自身が言った言葉を…
あ　天武天皇が王となった時に、僕がその気持ちを推し量って言った言葉…ですか…？　…えっと…

そうしてしばらく考えた僕の、脳裏に浮かんだのは。**天武天皇の王としての苦しみだった。**

22話目　勇者 泰澄の誕生

あ　…確か…。天武天皇の治世は、自責の念に駆られていると、言ったと思います…。どれだけ国を憂えて挙兵をしたといったところで、どこまでいっても、「自分は反乱を起こして即位した天皇だと、反乱を起こした者を人々は王として認めるだろうか」と…。それがこびりついた心の「穢れ」となり、ある意味のコンプレックスでもある、その穢れを祓うために、この国の礎作りに邁進したのではないかと…

役行者　…左様…。その穢れ故に、彼の者は、「神」となることを望んだ。最も清らかで穢れなき存在としての、「神」となることを…

あ　………

…そうか。この時の役行者さんの言葉によって、僕は初めて本当の意味で、天武天皇の気持ちを理解した。

天武天皇は本当に自身が神となり、その威光によって国を治めようとしただけではなく、ただ、ただ、壬申の乱という多くの人々の血を流すことで得た王という地位に、そして同時に流された大量の血によって、自身の身に付いてしまった穢れを祓ってしまいたかったのだ。

22話目　勇者 泰澄の誕生

元々は心優しき青年、大海人皇子だったのに…。
そう思ったその時に見た天武天皇の姿は、どこまでも孤独で、悲しき一人の男の姿に見えた。
…それにしても、目の前の光景は、この「人形代の儀式」は、一体何を意味しているのか…？
そう思った、その時だった。重々しく、天武天皇の言葉が、聴こえてきた。

天武天皇　汝らは…、朕が定める国に従わぬ、と…。それで…良いのだな…？

その天武天皇の言葉に、後ろ手に縄で縛られた男の一人が、喰ってかかるように反論する。

男 何が「国」だ‼ この山は、河は、海は、誰のものだ‼ 貴様のものではないだろう‼ 誰のものでもない‼ 何者であろうとも、この大地を我が物にしようなど、神々に対する冒瀆(ぼうとく)だ‼

あ ………

男のあまりの鬼気迫る形相に、言葉を失う僕の脳裏に、役行者の言葉が響く…。

役行者 あの者は、「山の民」…。…覚えているか？ 瀬織津姫の物語の際に見た、儂(わし)を筆頭に、持統天皇率いる国家と戦った者たちのことを…

役行者 儂らもあの者と同じ、「山の民」だった…。山に棲み、山に生き、山の中で自由に生活を営んでいた。自然を

22話目　勇者 泰澄の誕生

愛し、神々を敬い、大地に寄り添い、あるがままに日々を生きていた…

役行者　…しかしそれを、許さぬ者が現れたのだ…
あ　…天武…天皇…

その言葉と同時に、再び天武天皇の言葉が、響いてきた。

天武天皇　…では改めて聞くが…、汝は朕に従わぬ…ということで、良いのだな…？
男　誰が貴様なんかに…!!　貴様なんかにっ!!

天武天皇　…従わぬというのなら…、汝には…永遠に受け継がれていく、「血の穢れ」を与えよう…

そう言うと、天武天皇の形相が、見る見るうちに鬼のように変化した。

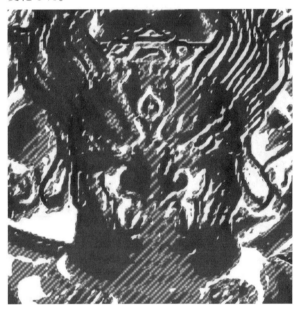

天武天皇 …連れてこい…
男 うぁっ!! うあっ!! やめろっ!! やめろぉぉぉぉぉっ!!
　離せっ!! うあ!!
　あぁっ!! **あぁぁぁぁっ!!!!**

22話目　勇者 泰澄の誕生

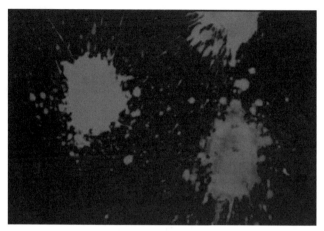

あ　…そんな…、そんな…

…見るに耐えない、光景だった…。
天武天皇は、今もこの現代まで続く「人形代の儀式」を、従来のやり方である人の形をした紙でも、藁人形でもなく、**実際の「人」で行ったのだ。**
なぜ人で行ったのか？
それは紙や木片で行った場合、穢れを移し、それを燃やしてしまうことで、現代と同じように、一定期間の穢れが祓われるとされていたことに対して、「生きた人」でそれを行うことによって、**穢れを移された者は、その子々孫々に至るまで、その移した「穢れ」が永遠に受け継がれていく。**
そうして逆に、清らかになった者の血脈は、穢れを移された血脈が生きている限り、永遠に穢れに包まれることなく、清

らかであり続けられる、とされていた。

自らが白く、清らかであり続けるために、黒を作った。
それがこの時に於ける、「人形代の儀式」の真実だった。

天武天皇　…橋の下にでも連れていけ…
側近　はっ!!

…こうして天武天皇より、「血の穢れ」を移された者たちは、その近親者も含め「穢れ多き者たち」として、橋の下を始め、当時の一般社会から隔絶された場所へと、住み処を移させられることとなった。
そうして彼らには、税を払わなくていい（国に従わなくていい）代わりに、当時、「穢れた仕事」とされていた動物の屠殺(と さつ)やその皮を剥ぐ仕事、道端で亡くなった動物の遺体、また飢饉や川の氾濫で街中に死体が溢れたときの処理を含めた、後に「キヨメ」と呼ばれることになる、街の清掃などの役割が与えられた。
街を白く、清らかにすればするほどに、自らは黒く、「穢れた者」とされていくという不条理の中、その者たちはやがて時を経て、「国」という枠組みの中からはみ出され、社会の構成員としての諸権利も与えられない、身分「外」身分の者たちとされた。

そうして天武天皇が仕掛けた、「国の枠組みに入らなければ

22話目　勇者 泰澄の誕生

こうなる」という、血の穢れの恐怖は、結果的に民衆や豪族たちの、天武天皇率いる国家への反乱に対する、絶大な抑止効果となった。

しかし同時にこの、「血の穢れ」は現代にまで影を落とし続け、今もまだある言葉として、存在している。

「差別」。
それが、「血の穢れ」という、言葉のすべての答えだった。

…絶望だけが、僕の心を打ちひしぐ中、突如として場面が変わり、次に僕の眼前に、ある赤ん坊が生まれた時の、光景が映った。

その名は、「**泰澄**」。

22話目　勇者 泰澄の誕生

後にこの「血の穢れ」から、多くの人々の魂を救済することになる、一人の勇者の誕生だった。

23話目 次、生まれ変わるなら…

「差別」。
天武天皇の治世の中で生まれたのであろう、その言葉こそが、「血の穢れ」という言葉の答えだった。

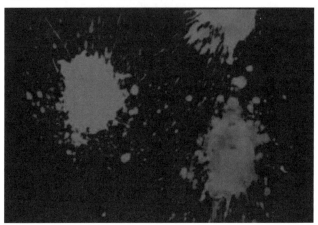

…絶望だけが、僕の心を打ちひしぐ中、突如として場面が変わり、僕の眼前に、ある赤ん坊が生まれた時の、光景が映った。

その名は、「泰澄(たいちょう)」。

後に多くの人々の魂を、救済することになる、この「勇者」は、天武天皇11年(682)6月11日、越前国麻生津(現在の福井市三十八社 泰澄寺)に、生を受けた。

幼少期より、泥で仏像を作っては、その仏像に花や水を供えて読経をして遊んでいたという。

23話目 次、生まれ変わるなら…

ある日仏教の普及に訪れた高僧が、泰澄を一目見て、
「この子は神童である。大切に育てるように」と、両親に伝えたほどだったという。
山河を愛し、人を愛し、自然に愛され、人に愛され、頭脳明晰。
何不自由なく育ったように見える泰澄でも、その心にはいつも一つの思いが宿っていた。

泰澄 いつか、多くの人々を救えるような人間になりたい

時を経ていく中で、幼き泰澄がそう願うようになっていったのも、ある意味、必然の流れであった。なぜなら彼もまた、「差別されてきた血筋に生まれし者」、だったからだ。

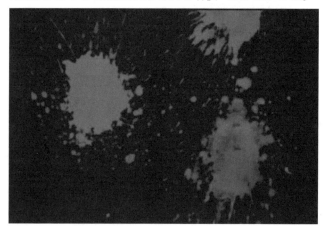

23話目 次、生まれ変わるなら…

天武天皇が即位して以来、この国の礎は、その圧倒的なカリスマ性と意志の強さによって、猛烈な勢いで形作られていったが、同時に天武天皇が国を治めていくため、また内乱によって身についた自身の穢れを祓うために仕掛けた、「血の穢れ」もまた、猛威を振るい広がり続けていた。

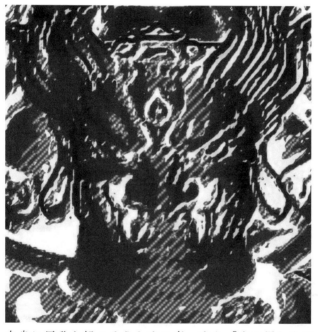

自身に反乱を起こそうとする者、また「山の民」をはじめ、自身の作る国の枠組みに入ろうとしない者、さらに当時天武天皇の手によって国学として取り入れられた仏教が全国的に浸透していく中で、最も忌み嫌われ罪深い行為とされていた、

「殺生」を生業とする者たち。その者たちもまた「穢れ多き者」として、身分「外」身分の立場へと、押しやられていった。

「殺生」を生業とする者とは、言い方を変えるなら、当時の漁師や猟師といった類の者たちである。
そして、泰澄の父親は、漁師だった。
この時代、「穢れ」は伝染するものだと思われていた。漁を終えて家路につく道すがら、何も悪いことなどしていないはずなのに、周囲の人々から避けられ触れることすら忌み嫌われ、肩を落として歩く父に、泰澄は尋ねた。

23話目 次、生まれ変わるなら…

泰澄 …父上…。なぜ私たちは、あのような目で、見られなければいけないのでしょう…？

父 ………

…父からの返答はなかった。ただ諦めたように小さく首を、横に振るだけだった。
その父の様子に、幼き泰澄の「なぜ？」という思いが、絶えることはなかった。
同時にいつしか、泥で作った仏像に、届ける願いは、「いつかこの身を、父をはじめ、世の不条理に苦しむすべての魂の救済へ」と、すがるような思いに変わっていった。

686年、天武天皇は崩御。

しかしその後を継いだ、女帝 持統天皇もまた、夫である天武天皇の意志を継ぐ形で、より強固に、良民（主に百姓）と賤民（差別されてきた者）とを分けた。

23話目　次、生まれ変わるなら…

まずは身に付ける着衣の色すらも、賤民は黒色、良民は黄色、そして天皇は白色を着用することすらも明確に定め、そして戸籍の作成のために身分制度を固定化し、良民と賤民、その身分すらも世襲制度とした。

こうして徐々に、闇がその身を侵食していくように、「差別されてきた者」たちは、子々孫々に至るまで、「血の穢れ」から、逃げる術を失ってしまった。
しかしそんな目に遭ってまで、どうして彼ら、「差別されてきた者」たちは、自ら死を選ぶことをしなかったのか？

それは当時、仏教と同様に、天武天皇が師事し、国学として取り入れていた「道教」。

その道教の教えの中に、人は犯した悪事の分だけ寿命を減らされるが、減らされた寿命よりも早く死んでしまった場合、余剰分の罪と報いはあまさず子孫に災禍となって降りかかる、という教えがあったからだという。
これによって、「差別されてきた者」たちは、死ぬことすらも許されず、また築き上げられていく、社会の枠組みの中で、「人」として、生きることすらも許されず。

「絶望」。

八方塞がりの状況の中、「差別されてきた者」たちはただ、その命が尽きるまで日々を生きることしか、できなかった。

そうしていつしか、彼らはこう願うようになっていった。
「次、生まれ変わるなら…」と。

24話目　白山に来たれ

死ぬことすらも許されず、また築き上げられていく社会という枠組みの中で、「人」として、生きることすらも許されなかった、「差別されてきた者」たち。

身分で縛られ、血脈で縛られ、逃れることの許されない人生ならば、望みを託せるものは、この当時からあると信じられていた死後の世界、来世だけだった。

「輪廻転生」。

こんなにもつらい思いをしたのなら…、こんなにも苦しいのなら…、…もし次、生まれ変わることができたなら、自分たちも清らかな身で生まれたい。
そう願い、「差別されてきた者」たちは生きていた。
定められた黒い衣服に身を包み、一般社会とは隔離されたその場所で、ただ、日々を生きていた。

そんな彼らの魂の救済を願っていた、若かりし日の泰澄。

幼い頃より「神童」と呼ばれ、14歳の時に夢で見たお告げによって導かれ、仏門の道を志した彼は、毎日麻生津から越知山までの片道15キロの道のりを夜通し駆け抜け、朝には家に戻るという苦行難行を繰り返す中で、血反吐を吐く思いで念じていた。
「世の不条理に苦しむすべての魂の救済」を、ただ念じ、夜の闇の中を駆け抜けていた。
自らもまた、「差別されてきた者」の血脈に生まれし者。
殺生を生業とする漁師として、「穢れた血を持つ者」とされ、一般社会から隔離され、肩を落としながら日々を生きていた父は、失意のままに病で亡くなった。

若き泰澄は不条理に苦しむ人々の、魂の救済を念じ、日々自

24話目　白山に来たれ

分を慕い集まってくれる人々に、説法を行いながらも、どうしても一つの疑問に対する答えを出すことができなかった。

「亡き父の魂は、本当にどこに行ったのか？」と。

当時、死後の世界があると信じられていたとはいえ、もちろんそれは現代と同じく、生前から誰もが見られるものではなく、当時の泰澄もまた自身が説法を行いながらも、死後の世界の存在に確証を得ることができてはいなかった。
当時の仏教では生前に、善行を積んだものは迦陵頻伽（上半身が人で下半身が鳥の、仏教における想像上の生物）が舞い、阿弥陀仏が迎える、極楽浄土に行くことができて、その逆に悪行を犯した者、特に悪行の中で最も罪の重い「殺生」を犯した者は、悪鬼の待ち受ける地獄に落ちるとされていた。

泰澄 父の魂は果たして、地獄に落ちたのか…？

24話目　白山に来たれ

その思いは、泰澄にとって、到底納得できるものではなかった。
仏門と言っても、実態は千差万別。禁欲を標榜しながら、酒を湯と称して呑み、肉や魚を突っつきながら、裏では尼を抱いている僧侶もいる。
その僧たちは地獄に落ちないで、生きていくために動物や魚を捕る者たちだけが、地獄に落ちるというのか。

北陸の海で獲れる身の締まった鰤の大きさを、活気と共に競い合い、笑い合い、それを神前に供え、みなで自然の恵みに感謝して、分け合って頂くことのどこに罪があるというのか。
魂の行き先は、生まれや血筋によって決められることではなく、その者の生き跡によってのみ、決められることではないのか。
…しかしそのことに対する、明確な答えを出すことのできない泰澄は、日々思い、悩んでいた。
そうしていつしか、その答えを求めることこそが、泰澄の人生そのもの、となろうとしていた。
しかしどれだけの難行苦行を経て、手をかざしただけで、人の病を治癒できる不思議な霊力を身に付け、やがてその名声が奈良の都に知れ渡ることになろうとも、泰澄が本当に知りたいことの答えは、わかることはなかった。

泰澄　一体父の魂は、どこに行ったのか？　その答えを知りたい…

そう願い、思い付く限りの難行苦行を経て、それでも、その答えを得ることができなかった、霊亀2年（716）、泰澄34歳の時、泰澄は夢で、空より現れた女神より「ある言葉」を告げられる。
その日以来彼は、遥か遠くにそびえる美しき山に、畏敬の念を抱くようになっていた

泰澄　…いつかあの、美しき白き山の頂に…登り…、神々に会い、神々と語らいたい…

泰澄が願い、その山に憧れを抱くきっかけになった女神のその言葉こそが、「白山に来たれ」、という言葉だった。

25話目　いざ、白山へ

泰澄　…いつかあの、白く美しき山の頂に…登り…、神々に会い、神々と語らいたい…

泰澄が願い、憧れを抱いた「神々が棲む山」、白山。
その全貌が視界いっぱいに、広がった光景と同時に、僕は役行者の呪術から、目を覚ました。
様々に移り変わる鮮烈な光景の数々に、まだ頭がボーっとする中、しかし白く美しく輝く白山の光景だけは、ハッキリと脳裏に焼き付いていた。

役行者　………。何を感じた…かの…
あ　…ありがとう…ございます…。よく…わかりました…。「血の穢れ」、その言葉の意味も…。それをせざるを得なかった、天武天皇の気持ちも…。逃れることのできない、世の不条理も…。そしてそれに必死に立ち向かおうとした、勇者 泰澄の願いと思いも…

役行者 歴史を知り、歴史を学び、どう選択し、判断していくかお主に委ねられておる…。ただお主がどんな選択をしどこに向かおうとも、我々神や仏は、その行動をしっかりと見守っておる…。いつまでも八百万の神々、いや…すべての神仏たちの愛を、忘れないでいてほしい…

…そう言うと役行者は、ゆっくりと、姿を消していった。

25話目 いざ、白山へ

最後に聞こえてきた言葉は、「期待しておるぞ」の言葉だった。

…。
……。
………。
…………。

…そうして、様々な思いを胸に、家路についた僕を待っていたのは…。

いつもの光景だった(泣)

ス　おい！　おい!!　ハゲ頭っ!!　おいっ!!
あ　…はぁ、何ですか…？
ス　ばぁっ!!

あ　………
ス　幽霊の物まね〜!!

25話目　いざ、白山へ

あ　………
ス　ばぁっ!!

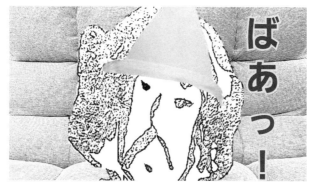

あ　………
ス　ばっ…
あ　ドアホ！
ス　ビクゥッ!?
あ　一体何をしてんねん、あんたは。こっちがセンチな気持

ちになってる時に…
ス　やかましいっ!!　何がセンチじゃっ!!　お前の顔がセンチじゃ!!　ええか、そもそもやな！　このスサノオシリーズの主神公は誰、誰、誰や⁉　言うてみぃっ⁉
あ　………。…オオクニヌ…
ス　俺、俺、俺じゃ！　ドアホッ!!

25話目 いざ、白山へ

あ …ハァ…。もう…なんですの…
ス あー！ お前‼ そういうこと言っていいんやな⁉ ええこと教えてやろうと思ったのにー‼ にー‼
あ （本当にやかましい…）…何ですか、良いことって？
ス 「これ」や

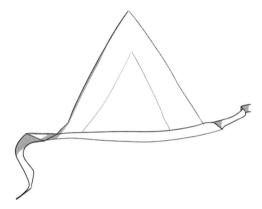

あ これ？ さっきおふざけで使ってた、幽霊とかがよく頭につけている布？ これがどうしたんですか？
ス おふざけちゃうわ。お前これが何か知ってんのか？ そもそもこれの名前を言うてみぃ
あ …え…。全然知らない…
ス せやろがいっ‼ この布の名前は、「天冠」と言うてやな。
  これは元々は幽霊の頭に付いていたものではなく、亡くなった方の額に付けていたものや
あ そ、そうなんですか…。豆知識ありがとうございます…

ス 豆知識どころの話ちゃうわ。もっと大切なこと、教えたろ思てんのにやな

あ もっと大切なこと…？　なんですか…？

ス 「天冠」。この言葉に何か、聞き覚えはないか？

あ ？

ス 「天冠」＝「転換」や。要は、命の転換、「生まれ変わり」や

あ うぉっ⁉　マジかっ⁉⁉　まだ生きている人が、亡くなった方の生まれ変わりを願って、額につけて送り出したってこと？

ス そうや。もっと言うなら、この白い三角の形に、何か見覚えないか？

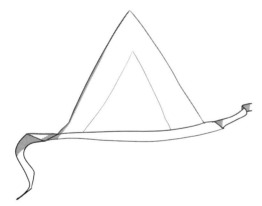

あ 白い三角の形に、見覚え…？　………？　あ…。まさか…‼

ス そうや。白き山、「白山」や

25話目 いざ、白山へ

ス このことが一体、何を意味しているか、今のお前なら、もうわかるやろう

あ ………

ス 古来、山は魂の終着点と言われていて、亡くなった魂は、天上界へと続く山を登り、頂から天へと昇っていったとされている

ス その山の中でも、最も白く美しき山、「白山」。次生まれ変わるなら、魂としてでも、あの白山を登り、白く美しく、清らかに生まれ変わりたい。そう願った人々の願いの行き先、「白山」を開山したのが…

あ …泰澄…

ス そう。泰澄はその山頂で、ある女神に出会った…。その女神の名が…

あ …菊理媛

ス そういうことや。そうして泰澄が開いた、その美しき白き、「生まれ変わりの山」、白山を神聖視し、白山に登らずともご利益に授かるために、また時に白山に願いを届けるために、全国各地に作られた神社、それが「白山神社」

25話目　いざ、白山へ

ス　そこに祀られているほとんどの祭神は、「菊理媛」。もうここまで言ったら、俺が何を言いたいかわかるよな？
あ　………。…僕らも泰澄と菊理媛の待つ、白山の頂へ…
ス　そういうことや。いつも言ってることやけど、その神に対する正しき理解がなければ、神が姿を現すことはない。けど、「菊理媛」という神へと繋がる、歴史の因果を学び、神々の嘆きも人の苦しみも、すべてを見てきた今のお前なら、もう大丈夫やろう

…。
……。
………。
…………。

かつてあの白く美しき山の頂に、多くの人々が、願いと祈り

を込めた。

死とは多くの場合、祝福よりも、嘆きと悲しみを伴う。
それが不条理であればあるほどに、血の涙を流すほどの思いを持って、死にゆく者、そして遺された者もまた、来世へと願いと祈りを捧げる。
「次、生まれ変わるなら…」と。
そのすべての人々の願いと祈りを受け入れてきた、「女神」がその頂にいる。

25話目 いざ、白山へ

『スサノオと菊理媛を巡る旅』は、深すぎるほどの歴史の闇を白日の下に曝け出し、しかし同時に、新たなる光を、今この現代に照らし出そうとしている。
「生まれ変わりの聖地 白山」。
その美しき白き山の頂で、僕は一体どんな光景を目にすることになるのだろうか。
いよいよ、この時がやってきた。
いざ、白山へ。

26話目　白山比咩神社で感じた不安

「生と死を司る伝説の女神」、菊理媛が待つであろう、白山へ。

様々な歴史の因果と、神々の思いを受けて、いよいよ旅は、ここまでやってきた。

この日大阪から、車で向かった僕らは、登山口のある石川県まで、約4時間。

翌日の早朝から、白山登拝をしようと思っていたので、その前に僕らは、白山に登る前のある意味の玄関口であり、全国約2700社以上ある白山神社の総本社、霊山 白山そのものをご神体とする白山比咩神社(しらやまひめじんじゃ)に来た。

26話目　白山比咩神社で感じた不安

ここに来るまでの道中、僕らにほとんど言葉はなかった。
旅は、確実に終わりに近付いているはずなのに、まだ正直どこかで、不安な気持ちがあるのが今の僕の本音だった。この不安な気持ちは、一体なんなのか？
そんなことを思いながら、拝殿にて参拝をしたものの…。

ス おい

あ …はい

ス お前の心に迷いが見える。そんなもん隠して、神前に立ったところで無駄やぞ。その心はすべて、鏡のように映し出され、鏡のように現実となる

あ …すみません…。自分でもわかってはいるつもりなのですが…。ただ…

ス なんや

あ もうこの、『スサノオと菊理媛を巡る旅』も、終盤まで来ていることはわかっています。けど、前回の瀬織津姫を巡る時の最終目的地でもある、早池峰山に登る時には、僕が乗り越えなければならないほぼすべての課題は、クリアできていたように思うんです

26話目　白山比咩神社で感じた不安

ス　………

あ　過去の歴史や因果を理解することはできたとはいえ、まだ乗り越えられていない他の課題があまりに多すぎる、というか…。天武天皇に対する恐れの気持ちや、黄泉守人という存在に対する謎然り…。またイザナギさんとイザナミさんの、魂の課題も…

あ　まだそれらを乗り越えられていない、今の自分が、果たして旅の目的である、菊理媛に会うことができるのか…？そしてその先に求める、亡き父の魂の行く末を知ることができるのか…？　ここまで来たのに、もし菊理媛に会えないとなると、これまでのすべてが無駄になってしまいそうで…。正直…不安です…

ス　………

そうして僕らは参拝を済ませ、拝殿の裏手にある、禊場へと向かった。

この場所は、白山比咩神社の中でも、特に場のエネルギーが強くて、好きな場所だった。

腰掛けられるところに、ゆっくりと腰掛け、ただこの場の空気に触れるだけで、さすがに「禊場」なだけあって、心が綺麗に浄化されていく。

少しずつ、心の落ち着きを取り戻していく僕に、スサノオさんが話し掛ける。

ス　信じろ
あ　…信じ…る？
ス　お前の旅の道筋は、もっと言うならば、お前のこの人生は、大いなる神々の加護のもとにある。お前は自分で選択し、歩いているようで、実は大いなる神々の流れに沿って、動かされてもいる。お前が今ここにいること、この旅をしていること、そのすべてに於いて、意味がある。

26話目　白山比咩神社で感じた不安

　だから、信じろ。もっともっと強く、自分自身を。自らの役割を。その人生に自信を持て。これは、これまでの日本の神を巡る旅や、瀬織津姫を巡る旅を通して、様々な経験を積み重ねてきた、お前にしかできないことやねんから

あ　………。…ありがとうございます…。…でも…、どうして僕なのですか…？　決して僕が神さまに選ばれたとか、そんな特別なことではないと思うのですが…

ス　もちろんお前の言うとおり、人にはそれぞれ役割があり、天から与えられた使命がある。だからお前自身だけが、神に選ばれたとか、特別であるとか、そんなことは決してない。ただお前が、今ここにいる理由。この旅をしている理由。それだけは、ハッキリとわかっている

あ　………。…なんでしょう…。教えていただけたら有り難いのですが…

ス　お前はどっちの立場にも、立つことができるからや

あ　…どっちの立場にも立つことができる…？

ス　言い方を変えるなら、お前には本来これまでの歴史で、悪と伝えられている存在であっても、偏りなく忠実に見て、それをそのまま言語化して伝えることができる能力がある。これまでの瀬織津姫の物語での持統天皇や、今の菊理媛の物語に於ける天武天皇然り…

あ　………。そうなのでしょうか…

ス　それはきっとお前自身が、作家という立場だけでなく、経営者という立場も、また父親という立場も、ゴミ拾いという、本来多くの人が嫌がる立場も、様々な立場を経験し

てきたから故のことなんやろうけど。
それによって、弱者の悲しみも、またその逆に、強者故の苦しみも、どっちの立場も気持ちも理解することができる。それは物事を誰かに伝えていく上で、最も大切なことでもある

あ ………
ス だからこそ、自信を持て。「離れてしまった、人と神との距離を縮めていく」。
そう願って歩き始めた、そんなお前に俺をはじめ神々は役割を託し、これからも託し続けていくんやから。自分にしか歩めないこの道に、誇りを持って、思いのままに物語を描いてくれ。俺たち神々は、いつだってそれを見守り、応援し続けるから
あ …僕なんかでいいのでしょうか…
ス お前やないと、あかんねん。なぁ？

…スサノオさんがそう言うと、白山比咩神社の禊場に、ふと…、美しき女神の幻影が、見えたような…、気がした。

26話目　白山比咩神社で感じた不安

…気付けば、僕の目には涙が流れていた。どれだけ経験を積み重ねていこうとも、人はいつだってこうして、不安になってしまったり、心配になってしまったりするけれど。
そんな僕らでさえ、神さまはいつだって見放すこともなく、また怒鳴りつけることもなく、ただ、ただ、いつまでも、優しく見守り続けてくれている。

そうして僕らが歩き始めたその時には、まるで流れに乗るかのように、多くの縁やきっかけを繋いで、見たこともない未来へと僕らを導いてくれる。
今回の旅だけじゃない。
これまでの数々の旅も、今日まで歩んできた日々も、すべてを自信に変えて、これからの未来を歩んでいこう。
気持ちを新たに。いざ、白山へ！

27話目　勇者 泰澄、現る

いざ、白山へ。
数えきれないほどの歴史の因果と、神々の思い、そして僕自身の人生の課題を胸に、朝焼けの中、いよいよ、「生と死を司る女神 菊理媛」の待つ、白山の頂上へと足を向ける。

登拝を始めて、まず最初にやってくるつり橋を見て、驚いた。

今この現代でこそ、このように多くの登山（登拝）者たちのために、つり橋がかけられ、頂上まで登り4時間、下り3時間の道程と言われてはいるが、1300年前、泰澄の時代など、こんなものはもちろんなかった。
当時の白山と言えば、「神々が棲む山」として、人が立ち入ってはいけない山とされ、入山を阻止する部族もいたほどだという。

泰澄はその部族たちとも折り合いをつけ、そして一度、神々の山に入ったならば、頂上まで2702メートル。

１年のうちのその半分は、雪と氷で包まれているというその山の、道なき道を、ただひたすら神々が待つ頂上に向かって歩き続けた。

頼れるものは、自らの足腰だけという状況の中、山林を掻き分け、時に突然現れる断崖絶壁に恐怖して、夜の闇や、襲ってくる肉食動物の恐怖にも立ち向かい、およそ２年。
２年もの歳月を掛けて、泰澄は、この日本三大霊山の一つ、白山を開山したのだ。

27話目　勇者 泰澄、現る

開山とは、初めて白山での修験道（山へ籠もって厳しい修行を行うことにより、悟りを得ることを目的とする日本古来の山岳信仰）としての修業を行い、その山に神を祀ること。
泰澄はこの白山の山頂で、確かにある神に出会ったのだ。
そんな彼の偉業を思いながら、僕自身はひたすらに、父の魂の行く末を求めて、ただこの白山の山頂を目指した。

「一体父の魂はどこに行ったのか？ 」。
この菊理媛を巡る旅を始めることになった、最初のきっかけ。

かつて亡くなった魂は、この美しき白き山を登って、その山頂から天上界に昇っていったという。

では僕の父の魂も、そうだったのか？

27話目　勇者 泰澄、現る

そして僕と同じ思いを持って、この山を登っていたはずの泰澄は、何を思い、この山を登ったのか？　そう思った、その時だった。
頂上を目指す僕の前に、見たこともないような、美しいお花畑が広がった。

あ　わぁ…

…そうしてまた別の場所では、まるで天国のようなお花畑が頂上に向かって続いていく光景を見て、この時僕は理解した。

本当にこの場所は、天国だったんだ。この場所こそが、極楽浄土だったんだ。

人はどれだけ現世で苦しみ、虐げられた人生を歩もうとも、この世での役目を終えて、魂となったなら、誰もがこの美しき世界に迎え入れられ、そしてこの美しき白き山で真っ白となり、天上界へと迎え入れられる。そこに現世での肩書もなければ、地位もなく、名誉もなければ、身分もない。

あるのはただ、現世を終えたことに対する「祝福」だけ。

そう思ったその時、僕は溢れる涙を止めることができなかった。

どこかで、心の片隅に引っ掛かっていた。

27話目　勇者泰澄、現る

「父は果たして、幸せな人生を送れたのか？」と。
「後悔の無い人生を、送ることはできたのか？」と。

でもそんなことを思ってしまうのは、現世に生きている人間だけで、再び魂に戻れたならば、もっともっと自由に、もっともっと伸びやかに、もっともっと明るく美しく輝く世界で、神々に迎え入れられることができる。

「生は祝福であり、命の終わりもまた、祝福なのだ」。
頂上を目指しながら、そのことを思い僕は、溢れてくる涙を、止めることができなかった。
汗を流し、息を切らしながら、一歩ずつ、一歩ずつ、「天国へと続く階段」を、登っていくうちに、体力も限界を迎えよ

うとしているからか、意識が朦朧としてきて、僕の見る世界から音が消え、視界も白く染まりはじめた。

27話目　勇者 泰澄、現る

同時になぜか頭からは、不安という名の雑念が消えていき、
やがて自分と人、
自分と自然、
自分と山、
そのすべての境界線が無くなろうとしていった。

そこにあるのはただ、真っ白な世界。
僕もまた、山の一部であり、山もまた、僕である。
人は死すとも、魂は死なず。すべては一つで、肉体からこの魂が離れる時は、その「一つ」にまた、戻っていくだけ。
そしてまた生まれ変わる時は、僕に戻っていくだけ。
そのことを教えてくれる、柔らかな確信とともに、導かれるように、一歩ずつ、一歩ずつ歩いていくうちに、やがて白山の頂上が見えてきた。

27話目 勇者 泰澄、現る

あ …あ、あそこに…

恐らく天と一体化していたのだろう、自らの意識を戻し、改めて頂上を見据える。
あそこに僕がこの旅で求めていたこと、そのすべての答えはあるのだろうか？
そして泰澄は、あの頂上で一体何を見て、何を思い、何と語らったのか？

もう膝は震え、足の爪は内出血してパンパンだけど、歩みを止めずに、前へ行く。
一歩ずつ、一歩ずつ…。
そうして見えた、その先に…。

あ　ハァ…ハァ…、あそこだ、あそこが頂上だ…

27話目 勇者泰澄、現る

確かに見えるお社に向けて、僕は最後の力を振り絞る。
…そして…。

あ っ、着いたー!!

いよいよ僕は、白山の頂へと到達した。
喜びがこの胸をいっぱいに満たす中、頂上に鎮座する白山奥宮にて、登らせていただけたことへの感謝とともに参拝する。

27話目　勇者 泰澄、現る

そうしてまた導かれるように、白山奥宮から少しだけ歩いた先にある白山最高到達点である「御前峰」へと、足を向ける。

そこから、360度景色を見渡すと、遮るものは何もなく、ただ、ただ、感動の景色だけがそこに広がっていた。

あ　うわ…本当に…、本当に白山に登れたんだ…

27話目　勇者 泰澄、現る

1300年前に、泰澄が見たのであろう景色と同じ景色を今、自分が見られていることに胸が詰まるほどの感動を覚え、そうしてもう一度ゆっくりと頂上からの景色を眺めた、その時だった。
視界の先に、青く輝く、綺麗な水の景色が見えた。

あ　あれは…？
ス　翠ヶ池(みどりがいけ)…。泰澄が神を見た場所…やな
あ　ここで…

僕がそう言葉にした、その時だった。

？　よくぞ参った

若く勇ましい男の声が聴こえてきて、振り返るとそこには、白山開山の祖であり、多くの人々の魂を救済してきた「勇者泰澄」の姿があった。

28話目　勇者 泰澄との対話

泰澄　よくぞ参った。その姿勢、敬服に値する

あ　………

…この方が、泰澄。意外、と言えば、失礼になるだろうか。全身から溢れるほどの生命力と、一目見ただけでわかる明るさ。

その生きてきた歴史的背景からは、想像できないような、眩いほどの魂の輝きを、泰澄はその全身から放っていた。

あ　あ、あの…初めまして…。荒川、祐二と、も、申します

僕のその言葉に、泰澄がキラキラと目を輝かせて、混じり気

のない、まっすぐな笑顔で答える。

泰澄 言わなくても、わかっている。ずっと君の旅の道中を、見守っていたさ。ようやく会えた、そんな気分さ

あ ………

…そうか。いつも僕の場合は、その神に対する正しき知識や認識がないと、僕の前に神さまは姿を現してくれないが、それはあくまで僕の主観だけの話であって。実際神さまたちは、僕らの目には見えないときでも、いつだって応援し、見守ってくれている。

ただそれに気付いてない僕らがいるだけで…。
泰澄さんも、そしてきっと菊理媛もまた、ずっとこの旅を見守り、傍で応援してくれていたんだ。だから今僕は、神さまたちの導きを受けて、この場に立てている。
そう思うと、改めて今この場にいられることに、この旅がここまで来られたことに、ただ、ただ、感謝の念が絶えなかった。
そんな僕に、再び泰澄さんが声をかける。

泰澄 さぁ、ゆっくり語り合おう。君と話ができる時を待っていた

…そうして僕らは、スサノオさんたちも含めて、御前峰の最

28話目　勇者 泰澄との対話

先端に位置する場所に、共に腰掛けて、白山の絶景を眼下に見下ろしながら、ゆっくり、ゆっくりと、言葉を交わした。

あ　何だか…不思議な感じ…です。泰澄さんとこうして、お話しできる時が来るなんて…

泰澄　そんなに畏まらないでほしい。私は君で、君は私。共に同じ魂を共有している。それは君も、ここまでの道中で、感じたことだろう？

…その言葉に、先ほどまでの白山山頂へと続く「天国への階段」の景色を思い出し、またその時に感じたすべての境界線が無くなっていく感覚を思い出した。

あ　確かに…そうなんですが…。…本当にそうなんですか…？

ス　何やその変な聞き方は

泰澄　ハハッ、スサノオ様。面白くて、良いではないですか。素直に、まっすぐに、わからないものはわからないと聞ける。それで良いではないですか

ス　フンッ、ただのドアホなだけやないか

あ　…（笑）

こんなふうに、決して肩肘張らないリラックスした時間が流れ、そうして話は流れに乗るように、核心部分へと入っていった。

あ　あの…泰澄さん…、一つ聞いてもいいですか？

28話目　勇者 泰澄との対話

泰澄　もちろん

あ　泰澄さんは…、ここで菊理媛さんに…会ったのですか…？

泰澄　…菊理媛…。呼び名を変えたら、そうなるか…。私がこの白山山頂で見た存在の名は、「十一面観音菩薩」。その名のとおり、頭部に十一の顔を持つ仏であり、ここでの名を『白山大権現』という

あ　じゅ、十一面観音…？　白山大権現…？　が、菊理媛？　あの…すみません、いまいちよくわからないのですが…

ス　「神仏習合」というやつや。

知ってのとおり、泰澄は元々の始まりは仏門の人間であり、この地で見たものは「十一面観音」、またの名を「白山大権現」という名の菩薩（仏）。

しかしそれを、その存在や見た目、ご利益に照らし合わせると、日本の神で言った場合、「菊理媛」となる

泰澄　そういうことですね。「十一面観音」は様々なご利益を持つ中で、来世に対する４種類のご利益、すなわち、

・臨命終時得見如来（生の終わりに如来とまみえる）
・不生於悪趣（地獄・餓鬼・畜生に生まれ変わらない）
・不非命終（早く死なない）
・従此世界得生極楽国土（極楽浄土に生まれ変わる）

を持ちます。それが「生まれ変わりの女神」として、日本の神である、菊理媛と同一視されたのでしょう

あ　な、なるほど…。京都の八坂神社にもある、スサノオ＝牛魔王みたいなものですね…

ス 「牛頭天王(ごずてんのう)」じゃ、しばくぞ

泰澄 ハハッ！ ハハッ‼ いやぁ楽しくて良いですね〜。さすがスサノオ様。私も仲間に入れてほしい
あ ぜひ…
ス 英雄を簡単に勧誘すんな、ドアホ
あ （笑）そ、それで話が止まってすいません…。泰澄さんはこの地で、そのご自身の問いに対する答えを、見つけることはできたのでしょうか…？
泰澄 …答え…とは？
あ あ、と、突然すみません…。何と言えばいいのか…。大切なお父様を亡くされて、その魂の行く末を求めて、この白山に登られたのだと、思います…。そのお父様の魂の行く末に、対する答えは…？
泰澄 ………

終始明るく笑みを浮かべていた泰澄さんは、この時ピタッと笑顔を止めて、まっすぐに僕を見つめて言った。

泰澄 …もちろんさ。この地で、君が求める神の名で言うなら、「菊理媛」…でいいのかな。菊理媛との対話の中で私は、父の魂の行く末、その答えを知り、同時に深い安堵を覚えた
あ …僕も今年の４月に父を亡くしました。その亡くなった父の魂の行く末を求めて、この旅に出たのが最初のきっか

28話目　勇者 泰澄との対話

けです。
　もちろん同じ境遇とはいえ、泰澄さんに比べたら、僕の悲しみなんて、比較にならないのかもしれないのですが…

泰澄　そんなことはない。いつの時代だって、失うことの悲しみに、優劣などはないさ

あ　………。…ではもし差し支えなければ、教えていただけますでしょうか？　父の魂の行く末を、その…答えを…

泰澄　………

僕の言葉に泰澄さんは、再び僕の目をまっすぐにジッと見つめると、スッと立ち上がり、白山の山頂に吹く風をその全身に受けながら、遠くを見つめて言った。

泰澄 …その答えを聞くのは、私の口からではない方がいいだろう。君がこの旅で求めてきた、神の答えを聞こう。…共に参ろうではないか。君の言う、「生と死を司る女神」、菊理媛のもとへ

…。
……。
………。
…………。

…気付けば父の死から、半年にも及ぶ、長い、長い道のりだった。
「亡くなった父の魂は、一体どこに行ったのか？」

その答えの全貌が今、明らかになろうとしている。そして同時に、日本の神話史上、最も謎多き神とされる、「生と死を司る伝説の女神 菊理媛」。

28話目　勇者 泰澄との対話

その存在の謎が今、明らかになろうとしている。
また新たなる歴史の、1ページが刻まれる。

いよいよ「菊理媛」が現れる。

29話目　魂は永遠に

いよいよ、この時がやって来た。
日本の神話史上、最も謎多き神とされる、「生と死を司る伝説の女神 菊理媛」。

その存在の謎が今、明らかになろうとしている。

泰澄　…では…

泰澄さんはそう言うと、ご真言？　なのか、白山の空に向かって小さく、言葉を届け始めた。その時だった。確かに空に、ヒビが入った。

29話目　魂は永遠に

かつて泰澄はこの場所で、祈りを始めたところ、池の中から九頭龍が現れ、咆哮(ほうこう)を上げながら天に昇っていったという。そしてその後に、天から十一面観音、いわゆる、菊理媛が舞い降りてきたという。

この今、目の前で起こっている自然現象の変化が、菊理媛という神の持つ、神威なのだろうか。大地が鳴動し、風が強烈に吹き荒れ、景色が一瞬の間に、様々に移り変わりゆく中、

29話目　魂は永遠に

…。
……。
………。
…………。

僕の目の前に、「生と死を司る伝説の女神」、菊理媛が、晴れ渡る青空を背に、その姿を現した。

29話目　魂は永遠に

あ　…この方が…、菊理媛…さま…

天をも覆うこれほどの大きさで、人の姿をした神さまが姿を現すのは、早池峰山(はやちねさん)でお会いしたあの瀬織津姫さん以来だった。

かつて泰澄さんや役行者さんはじめ、長き修行の果てに、神や仏をその目で見たという先人の方たちも、きっとこのような感じだったのかもしれない。
人里離れた形での、本来のあるべき神仏の姿というものは、これほどまでに途方もなく、大きなものなのだ。

29話目 魂は永遠に

ス 神というものは本来、大自然そのものであり、地球そのものであるからな。
　その神威は本来、絵に刻まれる姿や仏像といった、枠の中で収まるものではない
あ す、すごすぎる…

その壮大で美しい女神の姿に完全に心を奪われてしまっていた僕に、菊理媛は言葉を発することもなく、ジッと僕のことを見つめ続けた。
その時だった。
この山頂に来るまでに陥った、あの時と同じように、僕の視界が一瞬にして真っ白に染まり、同時に音が消えはじめた。

29話目 魂は永遠に

自分と人、自分と自然、自分とすべての境界線が、無くなっていこうとしたその時、僕の目の前に…。
…亡き父が…、
…姿を…現した…。

あ　うっ…、うぁっ‼　うぁぁぁぁぁぁぁぁぁぁぁぁあっ‼
　‼‼

想像もしていなかった、あまりの出来事に、僕の理性は弾け飛び、
喜びなのか、
感動なのか、
驚きなのか、
そのすべての感情がごちゃ混ぜになって、叫び声と涙に変わった。
そんな僕に、父が優しく語りかける。

父　祐二…、よぅ頑張ったな…
あ　…うっ…、うっ…。お父さん…、お父さん…
父　…心配せんでもええから。俺はいつでもお前と一緒におるから。いつまでも、いつまでも、お前の中に、俺はおるから…
あ　うぅぅ…うぅ…

たったその一言、二言…、その言葉だけを遺して、父は姿を消していった。

29話目　魂は永遠に

そうして次に再び、菊理媛が僕の前に姿を現したその時、その口からは何も語られずとも、その瞳から僕の心に、時に言葉となり、時に映画のエンドロールのような情景となり、この旅のすべての答えとなるメッセージが届けられた。

「人は死すとも、魂は死なず、永遠に受け継がれていく」。

この旅の道中で、何度も浮かんできた、この言葉。
この言葉こそが、この旅のすべての答えだった。
魂というのは本来、一つの個体ではなく、境界線のない、無限のエネルギー体である。

29話目 魂は永遠に

そのエネルギー体は、時に僕らの肉体という器に入って、生命となり、現世での様々な役目を終えたその時に、現世で得た成長と経験を持って、さらに清らかになった状態で、再び天へと昇って、この宇宙に存在する『大いなる魂』を、より清らかにしていく。

しかし天へと昇る魂は、同時に現世に、ある置き土産を遺していく。

その魂は天へと昇ると同時に、遺された者の中にも入っていくのだ。その死によって、遺された者の人生を、より豊かに、より実りあるものにするために、天に昇る者の魂は、遺された者の肉体へとエネルギー体として入っていく。

…この悟りを得たその時、ある情景が僕の目に、鮮明に浮かんできた。

それはイザナギさんとイザナミさんが、永遠の別れをしてしまった時の光景。

かつて愛するイザナミを失ったイザナギは、その存在の喪失を嘆き悲しみ、黄泉の国までその存在を求めて、後を追っていった。

そこで見たイザナミの変わり果てた姿に絶望し、逃げ出してしまい、二柱の神は永遠の別れをすることとなった。
しかしそれを嘆き悲しむイザナギのもとに現れた菊理媛が言った、「ある言葉」によって、イザナギは救われたという。その「言葉」とは…。
「イザナミ様の御身は死すとも、その魂は、イザナギ様の御身に宿り、永遠に受け継がれて参ります」。という言葉だった。
その言葉に安堵したイザナギは、菊理媛を誉めて、その後黄

29話目 魂は永遠に

泉比良坂を離れ、ある場所へと向かっていった。
『筑紫国(現在の宮崎県)の日向の橘の小門の阿波岐原』と、呼ばれるその場所で、黄泉の国でついた穢れを祓うために、禊を行ったイザナギは、そこで天照、月読、スサノオという、伝説の三貴神をはじめ、様々な神を生むことができた。

…そう。
イザナミの死以来、イザナギはイザナミ無しでも、神を産めるようになったのだ。

これこそが亡きイザナミの魂が、イザナギの御身へ入っていった証であり、それはまた、現世に生きる僕らも同じ。

生前、大切な人であればあるほどに、その死をきっかけに、遺された者の人生もまた、時に目には見えない流れに乗るように後押しされ、また時に悲しみを引きずりながらも、新たなる局面を迎えていく。

その死をきっかけに、人生に対する向き合い方が変わる者。その人との生前の思い出を胸に、新たなる未来の一歩を歩いていく者。

それぞれの別れの後には、そこに目には見えなくとも、亡き人の魂が、遺された僕らに入っていき、まるでバトンを繋い

29話目　魂は永遠に

でいくように、永遠に共に人生を歩いていくという、確かな現実があるのだ。

今、僕のこの身には、確かに父の魂が入っている。
…そう思えたその時に、肉体から離れていた意識が戻り、…感謝と言えばいいのだろうか。
…それとも、安堵や喜びと言えばいいのだろうか。
拭う気も起きないほどに、まっすぐに溢れ、流れ落ちてくる涙とともに、僕は菊理媛さまに手を合わせて、頭を下げた。

菊理媛さまの壮大すぎるエネルギーは、ゆっくりと温かく、僕の身体を包み込み、白山全体を照らし出す、鮮やかな太陽とともに僕の『生と死を司る伝説の女神 菊理媛を巡る旅』が、終わりを告げた。

29話目 魂は永遠に

あ …ありがとう…。…ありがとう…ございます…

泰澄 …探していたことの…、答えは見つかったかな…?

あ はい…確かに…。しっかりと…。本当に…本当に…、ありがとうございます…

泰澄 強く、しっかりと、大地に足を踏みしめ、歩いていこう。その生命はいつだって、大いなる魂と共にある。死は終わりではなく、祝福であり、またその魂は次の魂を祝福するために、永遠に受け継がれていく。永遠に…」

あ はい…。本当に…ありがとうございま…

ス ウォッホン! ホンッ! ホンッ!!

29話目 魂は永遠に

あ …毎度、毎度なんやねん

ス なんやねん、ちゃうわ‼ お前まさかこれで、旅、旅、旅が終わりやと、思ってないやろな‼

あ …思ってません。まだ僕らにはやるべきことがある

ス そうや、それがわかってるなら、俺から言うことはなにもない

泰澄 …イザナギとイザナミのもとへ？

あ はい。この旅で魂というもの、そのすべての答えがわかった今、僕らには超えなければならない、最後の課題があります

泰澄 …わかりました。共に参りましょう

あ …え⁉ 本当ですか⁉

泰澄 えぇ、そのためには、まだまだ君に伝えたいことがある。それに菊理媛も…

29話目　魂は永遠に

あ　…まさか菊理媛さんも一緒に…
泰澄　…ただそのために、用意していただきたいものがある。菊理媛の力を、人里に於いても存分に発揮できる、依り代（神霊が降りるもの）となるものを…

…。
……。
………。
…………。

『スサノオと菊理媛を巡る旅』。…いよいよ終幕へと向かっていくこの旅の、僕らに残された最後の課題は、「イザナギとイザナミの和解」。

しかしその壮大なテーマにも、過度に恐れず、今日まで歩んでこれたすべての道のりに感謝して、強く、大地を踏みしめて、確かに、これからの未来を歩いていこう。
父の魂とともに。
そして、今日までこの身に受け継がれてきた、すべての大いなる魂とともに。

29話目　魂は永遠に

30話目　閻魔大王と地獄の正体

白山山頂での泰澄、そして菊理媛と過ごした魂の時を経て、

【父の魂の行く末を求める】という、この旅に於ける、僕自身の目的は、果たすことができた。

しかしこの旅の幕を閉じるために、僕らが超えなければならない「最後の課題」がある。
それが、「イザナギとイザナミの和解」。

この二柱の神の和解を果たさずして、この旅の幕を閉じることはできない。
そうして僕らは、白山を降りたその足で、「ある場所」へと向かった。

30話目　閻魔大王と地獄の正体

道中、このイザナギとイザナミの和解のために、同行してくれることとなった泰澄さんとの会話が繰り広げられる。

あ　…あの…

泰澄　…？

あ　これからイザナギさんと、イザナミさんを和解させるために僕らは今、向かっているのですが…。そのための場所は、何となくわかるのですが…。その…

泰澄　…言いたいことはわかっているよ。二柱の神を和解させるために、何が必要か、ということだろう？

あ　………。はい、仰るとおりです。確かに魂の仕組みを知り、イザナミさんの魂が、イザナギさんの中にも入っていることを知りました。しかしそのことは『日本書紀』の中でも、伝えられているとおり、直接それを菊理媛さんから告げられたイザナギさんも知っているはずです

泰澄　………

あ …なのにまだ、二柱の神は和解ができていない。イザナギさんに至っては、菊理媛さんがイザナギさんに伝えた、言葉の内容を聞いた時、「それは言えないんだ…」と僕に言いました。決して言ってはいけない内容ではないのに、なぜ言えなかったのか？　その答えもまだ僕には、わかっていません…

僕がそう言うと、泰澄さんは突然、僕にまっすぐ目を向けて、想像もしていなかった言葉を言った。

泰澄　君は、地獄というものが、どういう場所かわかるか？
あ　…え…？　な、なんですか、突然…？
泰澄　…地獄というものは、それぞれの心が作り出すもの…

30話目　閻魔大王と地獄の正体

あ　そ、そうなんですか…？　…と言っても、どういうことでしょう…？

泰澄　すでに「輪廻転生」というのは、知っているとは思うが、仏教の世界では、死後に閻魔大王が現れ、浄玻璃鏡で、亡くなった者の生前の行いを映し出す

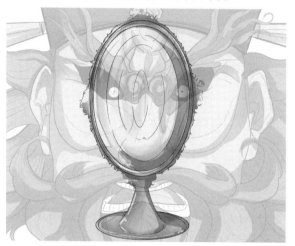

泰澄　それによって、地獄、餓鬼、畜生、修羅、人間、天上の、「六道」のどの世界に行くかを、決められるといった話だが、この閻魔大王や、浄玻璃鏡もまた、それぞれの心の表れなんだ

あ　…ど、どういうことでしょう…？

泰澄　今の言葉で言うなら、「走馬灯」と言えば、わかりやすいかな？

あ　あの…死ぬ直前に、自分の人生を映画のエンドロールの

ように見るっていう…

泰澄 そう。その時に省みる自らの人生には、誰もが嘘をつけないんだ。なぜなら自らの行いは、自らが一番知っているからだ

あ ………

泰澄 そうしてその時に、気付きを得て、悔い、嘆き、反省する。もちろん善行ばかりであれば、自らを称賛することもある。そうしてその振り返りが済んだ後に現れるのが…、閻魔大王であり、阿弥陀如来である

あ 閻魔大王…であり、阿弥陀如来であ…る…？

ス 要は、その人間の心が、自らの魂の行き先を、閻魔大王として見せるか、阿弥陀如来として見せるか、という話よ。嘘やごまかしの利かない状態で、自らの人生を振り返った時に、「こんな良くない人生を送ってしまった…。俺は絶対地獄に行く…」と思ってしまったなら、本当に閻魔大王が現れるし、「あ〜、幸せなええ人生やった」と思えたなら、阿弥陀如来に迎え入れられる

30話目　閻魔大王と地獄の正体

泰澄　そういうことです。だから人や国によっては、死後に天使が迎えに来ると言われたり、その逆に悪魔が迎えに来ると言われたりもする。すべてはその人の生前の行いという、隠しきれない「心」が映し出された結果なんだ

あ　そ、そうか…、そういうことなんですね…。でも…、なぜ今僕にその話を…？

泰澄　イザナギが見た闇もまた、イザナギの心の表れである

あ あ…

ス そういうことや。『古事記』にもあるとおり、イザナギは黄泉の国という漆黒の闇の世界で、永遠とも思える時間をただひたすらに待たされた

ス その結果、その心に恐怖や不安、そして何より、猜疑心という「穢れ」が生まれてしまった。その「穢れ」が、

30話目　閻魔大王と地獄の正体

「見てはいけない」というイザナミとの約束を破らせ、そしてそのイザナミ自身をまた、自身の恐怖という「穢れ」によって、醜く穢れたものとして映し出し、恐怖し、逃げ出してしまった

泰澄　闇の恐怖は、君たちもわかるだろう。暗闇から突如現れれば、我が子ですら、魔物に見えてしまうように…。闇の恐怖というものは、それほどまでに心を乱すものなんだ

あ　………

…何も言葉が出なかった。
僕自身もまたこの旅で、闇の恐怖に屈してしまった経験があるからだ…。

あ でも、なぜ…イザナギさんは僕に菊理媛の言葉すらも、「それは言えない、言ってはいけない」と、言ったのでしょうか…？　それとこれとは、あまり関係がないような…

ス …まぁ、あいつ（黄泉守人）ちゃうか。あいつに呪詛でもかけられたんやろう。

　ここ（黄泉の国）であったことを他言した場合、イザナミの魂は永遠に黄泉の国から出られない、的な

30話目　閻魔大王と地獄の正体

あ　…でも…そうなると…、どうしたらイザナギさんとイザナミさんは和解に至ることができるのでしょうか…？

泰澄　…まずはイザナギ自身が、自らの闇を越える必要がある。その上で再度、イザナミを黄泉の国まで迎えに行く

あ　で、でも…、それはどうすれば…？

ス　まずはお前（荒川祐二）自身が、闇を越えろ。その必要がある

あ　な、なんで僕が…？

ス　いつも言っているとおり、神々の世界は、それを映し出す人間の心によって変わる。俺たち神々も、またこの世界も現世も、輪廻転生に至る以前にすでに、お前自身の心の映し鏡でもある。だからイザナギをそう映し出しているのも、本質を言えば、お前の心の闇に対する恐怖でもある。まずはお前自身が闇を越えないことには、イザナギもまた闇を越えることは、永遠にできない

…。
……。
………。
…………。

イザナミの魂を黄泉の国から解放し、二柱の神を和解させるために、まず僕自身が乗り越えなければならない、恐怖という名の「闇」がある。
…そう考えたその時に、
僕の脳裏には、今越えるべき恐怖として、この国の礎を築き上げた、一人の男の魂が浮かび上がった。

30話目　閻魔大王と地獄の正体

31話目　天武天皇の鎮魂

『天武天皇』。

初めてこの国に、『日本』という名称を与え、今この現代にまで至る、この国の礎を築き上げた男。

しかしその国づくりは同時に、「血の穢れ」という、同様に今この現代でも解決されていない、「差別」という問題を生んでしまった。

ただ本当に、おこがましいのかもしれないのだが、僕はほんの少し、ほんの少しだけだが、天武天皇の気持ちがわかる気がしていた。

リーダーという人の上に立ち、先頭に立って、人を引っ張っていく立場であれば、それがどれだけ小規模の組織であっても、全員の意見を取りまとめ、全員が納得する判断をしていくことは、困難を極める。

僕自身経営者として、ほんの数十人という規模の組織でもそ

31話目　天武天皇の鎮魂

うなのだ。
それが天武天皇の場合、「国」という想像もできないほどの規模。
ましてや、日本史上最大の内乱と呼ばれた『壬申の乱』という、国が大いに乱れた直後のことである。

新たに国の礎を築こうとなったそんな時に、全員の意見を取り入れて、全員が納得する答えを出した上での、国の運営は、正直…できない。
だからこそ天武天皇は、自らを神と化しその威光によって、自らの進める国づくりに従わせるという方法を取った。

その心の根底には、
「1000年続く国の土台を築き上げる」という、
強すぎるほどの意志を持ちながら…。
その結果としての、ある意味の「犠牲」としての、血の穢れだったのかもしれないが…。

31話目　天武天皇の鎮魂

そう考えたその時に、天武天皇のもとへと向かう道すがら、僕の心にはどうしてもわからない、疑問が湧いてきた。

あ　…あの、泰澄さん…
泰澄　…どうした？
あ　今僕らは、天武天皇のもとに向かっています。その前に、どうしてもわからないことがあるんです…
泰澄　…なんだい？
あ　天武天皇は、天皇となる前、まだ大海人皇子と呼ばれていた時は、民を愛し、自然を愛した、心優しき青年だったと思うのです…。それは僕自身も見て感じました…

泰澄 ………
あ なぜ、そんな心優しき青年が…、罪なき人たちにも、「血の穢れ」を与えるほどの存在になってしまったのか…?

31話目　天武天皇の鎮魂

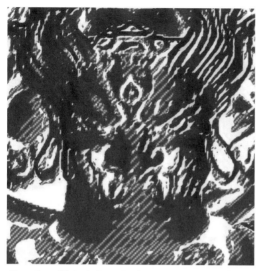

あ　その答えがわかりません…。その後いろいろ調べたのですが、正直、何もそこまでしなくても…って、思ってしまうのは僕が、甘いからなのかもしれないのですが…

泰澄　天武天皇の治世と、その遺した功績に関しては、素晴らしいものがある。それは揺るぎない事実であり、それは理解できるかな？

あ　…はい、もちろんです。天武天皇が築き上げた、この国の礎があるからこそ、今もこうして僕らが、生きていられる時代がある。そこに対して、何の異論もありません

泰澄　そう、それは私も同じ。彼が作ってくれた制度や文化、教育の礎があるからこそ、その後のこの国の繁栄がある。それは紛れもない事実だからこそ、私も、そして役行者た

ちもまた、本質的な意味では、天武天皇のことも持統天皇のことも、恨んではいないんだ。

ただ彼が唯一、過ちを犯したとしたなら、それは…

あ　……？

泰澄　自らを神としてしまったこと。それに尽きる

あ　自らを神としてしまったこと…

泰澄　今この現代でもそうだろう。どれだけ立派な指導者でも、自らを神と化してしまったその瞬間に、それはもう神の姿をした魔に、取り憑かれてしまっているのと一緒なんだ。そこからは自らを「神」と見せ続けるために、虚像を作り続け、それを進めれば進めていくほどに、偽りの自分と、終わりなき戦いを続けなければならないという、修羅の道が待っている

あ　………

…言葉が出なかった。

まるでその時の天武天皇、いや本来、民を愛し、自然を愛していたはずの、大海人皇子の気持ちを思えば、発する言葉が無かった…。

31話目　天武天皇の鎮魂

泰澄　ただ人は過ちを犯すものさ…。それを取り返していけるのもまた…、今を生きる「人」でしかない…

…泰澄さんとのそんな会話を経て、僕らは天武天皇の魂の鎮まる、奈良県は明日香村にある「宮滝遺跡」へ来た。

一度この旅でここに来た時、僕は天武天皇の持つあまりの威圧感に、意識ごと飛ばされてしまった。
しかしそれもまた、僕自身の持つ弱さだとしたら…。
この菊理媛を巡る旅のすべての行程を終えた今、今の僕の目に、天武天皇はどう映るのか…？
一抹の不安という、正直な気持ちを持って、再び天武天皇と対峙する。
でも僕には、どうしても天武天皇に、伝えなければいけないことがあった。
…そして…？
天武天皇がかつて、この国を思い、日本史上最大の内乱へと、大きく舵を切った宮滝遺跡のこの場所に、天武天皇がその姿を現した。

31話目　天武天皇の鎮魂

天武天皇　………

初めて会った時と変わらない、威圧感はそのままに、天武天皇は無言で僕を、まっすぐ見つめ続けた。

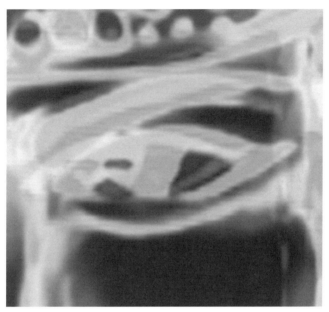

その暴風が真正面から迫ってくるような威圧感に、以前と同じように、圧倒されそうになった自分がいたが、この身から魂が離されないように気を強く持つ。

吹き荒れる風に身を振り回されるような状況の中、僕は必死に声をあげる。

あ　あ、あの…！

天武天皇　………

あ　こ、こんな僕なんかが、お言葉をかけて申し訳ございません…。僕、あの、荒川祐二と、申します…!!

31話目　天武天皇の鎮魂

天武天皇　………

その瞬間、少しだけ吹き荒れるような威圧感が、収まった…？ような気がした…。
それでも解けない緊張と、滝のように流れ出てくる汗の中、言葉を続けないと、自分が自分でなくなりそうで、僕は必死に言葉を続ける。
あ　まずはお詫びをさせてください…！　先だっては大変ご無礼を、失礼いたしました‼
天武天皇　………
あ　何も知らずにお声がけをしようとしたこと、本当に失礼だったと思いますっ‼　でも、違うんですっ‼　違うんですっ‼
天武天皇　………
あ　僕本当に、考え違いをしていました‼　僕は旅の道中ずっと心のどこかで、あなた様が悪だと、思っていたんです‼　でも、違うんですっ‼　違ったんですっ‼
天武天皇　………

僕の言葉に怒りを感じたのだろうか。収まりかけていた威圧感がより一層強くなる。
それでも僕は必死に食らいつき、フラフラになりながらも、言葉だけをあげる。

あ　違うんですっ！　違うんですっ!!　聞いてください!!
　違うんですっ!!
天武天皇　…何が違う…？

その瞬間ピタリと、威圧感が止み、初めて天武天皇が言葉を発した。

31話目　天武天皇の鎮魂

突然止まった威圧感の嵐に、僕自身もフッと力が抜けたように、地面に崩れ落ち、まるで天武天皇に土下座をするかのような形で、地に這いつくばりながら、息も絶え絶えに必死に声を上げる。

あ　…あなた様は…悪では…ありません…。決して…悪では…ないんで…す…

天武天皇　………。…貴様ごときに何がわかる…

あ　…僕…、どうしても…あなた様が悪として、自分自身が世の中に発信してしまうことに…、どうしても納得がいかなくて…。その後ちゃんと調べたんです…。そうしたらやはり違っていました…

天武天皇　………

あ …もちろんもうすでに、ご存じだとは思うのですが、今この現代でも宮中に伝わる『四方拝』という儀式があります…。これは毎年元旦の早朝5時半に、天皇のみが着ることを許される装束をまとった天皇陛下が、天地四方（天と地、東西南北）の神々を拝し、その年の災いを祓い、豊作を祈願する儀式と言われています…

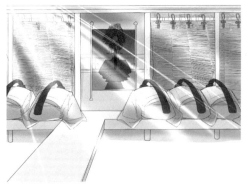

あ しかしその儀式の本当の意味は…、
「この世で起こるすべての困難は、我が身を通してください。すべての穢れは自分の身が引き受けますから、どうか国民を守ってください」という、八百万の神々へ国家国民の安泰を祈った儀式だと、知りました…。これが…

天武天皇 ………

あ あなた様の本当の思いではないのでしょうかっ!! その思いの表れが、過去の過ちへの反省ともなり、数千年を経た今でも、あなた様の子孫によって始まり、今でも代々受

31話目　天武天皇の鎮魂

け継がれている…。でもこれが、これこそが、あなた様の本当の願いだったように思うのですっ!!
天武天皇　………。…すべての歴史を知った上でもなお、同じことを言えると言うのか…？
あ　…僕なんかが言うのも恐縮なのですが…、人は間違えるものだと思うの…です…。過ちを犯すものだと思うの…です…。でもそれをいつまでも過去を責めても、何も変わらなくて…。だからもし差別というものが、今この現代にでもあるとするならば…、それを無くしていくのもまた、今を生きる僕らの責任ではないでしょうか…。現に今この時代は、昔に比べて、そういった「血の穢れ」に対する差別は、確実に無くなってきています…

天武天皇　………
あ　…もうご自分を許されても…、いいのではないでしょうか…。…こんなことを…僕なんかが…、僕なんかが申し上げてすみません…。すみません…ずみません…、
うあぁ…あぁぁぁぁぁ…

気付けば僕は、子どものように涙を流し、鼻水を流しながら、天武天皇の魂にしがみつくように、話をしていた。
正直言って、見た目的にはこれほど「穢らわしい」存在もないことだろう…。
でもこのことを、歴史の過ちばかりではなく、天武天皇の真実もまた、きちんとお伝えしないことには、僕がこの物語を伝える意味がない。

どちらか一方だけを、悪にすることなんてできない。
そう思いながら、必死に涙を流し続けていた、その時だった。

天武天皇　…ふっ。ふ、ふはははははっ!!

…天武天皇が…、笑った…？
しかもその笑い声は、決して嫌な笑い声ではなく、心底心を許した時にのみ発するような、どこか気の抜けた空気を感じさせた。

天武天皇　…何とみすぼらしい…。しかし…何と尊い…。これだ…これではないか…。
　朕が護りたかったものは…
あ　…??　…????
天武天皇　…か弱くとも必死に生きる民たちの、その誰もが安心して豊かに、幸せで生きることのできる国を作りたかったのではないか…。
　…そうか…そうだったではないか…。もっと…早く…過ちに気付いてさえいれば…
あ　…?????

…突然のことに何が何だかわからない中、僕はロクに何も考えずに、答えてしまう。

あ　あ、で、でも…そんな国は、できていると思い…ます。

31話目　天武天皇の鎮魂

僕なんかでも、楽しく毎日、生きてます…。今は戦争もないですし、飢えることもないです…
天武天皇　…そうか…そうか…。朕が願った国は…できていたのか…

天武天皇が、そう言った瞬間だった。
突如として、その魂が光り輝き…。うっすらとそこに、かつてこの国を愛し、民を愛し、自然を愛した心優しき青年「大海人皇子」の姿が、浮かび上がった。
その傍らには、かつて彼を愛し、夫婦二人三脚でこの国の礎を築き上げた、持統天皇こと鸕野讚良の姿があり、共にその魂は、光の中へと溶け込んでいった。

この時大きな歴史の扉が開かれ、同時にその扉を閉じていた重き鎖がゴトンと音を立てて、崩れ落ちた。

ス　………。…よくやった…。…よく…やったな……

…。
……。
………。
…………。

…「後悔」というものは、穢れの中でも最も祓うために、困難を要するのかもしれない。
それは過去の自らの過ちを認め、同時に失意の中から、再び前を向いて、立ち上がらなければいけないから。
しかしその穢れを祓えるものは、過去にはなく、今を生きるこの瞬間に、再び立ち上がろうと、精いっぱい、一生懸命に、命を輝かせてこそできるもの。
数千年と続くこの国の礎を築き上げた天武天皇の、同じように、数千年と続く「後悔」に終止符を打ち、次は伝説の神の「後悔」に、終止符を打ちに行く。
いざ、イザナギとイザナミのもとへ！

31話目　天武天皇の鎮魂

32話目　いざ黄泉の国へ

「生と死を司る 伝説の女神 菊理媛」の正体、

父の魂の行く末、

32話目 いざ黄泉の国へ

そして、天武天皇の鎮魂。

この旅に於ける、すべての過程を経て、いよいよ僕らは、イザナギとイザナミの和解という、この旅に残された最後の課題へと立ち向かう。

この日僕らは、再びの淡路島へと向かって、車を走らせていた。

あ　あの…泰澄さん…？
泰澄　…なんだい？
あ　白山の山頂で「用意してほしい」と仰っていた、菊理媛の依り代となるもの、なのですが…。こちらでいかがでしょうか…？

32話目 いざ黄泉の国へ

ス かわいい野イチゴやな…
あ 黙らっしゃい。これは、「聖麻(大麻)飾り」と言って、今回の件があって、知り合いの方に無理を言って、急ぎで作っていただいたんです

泰澄 …ほう

あ　これ実は二つが別々の、結び飾りになっていて。この結び目を菊理媛にちなんで「菊結び」という形で、結んでいただいたんですね。さらにこれは、解くこともできます

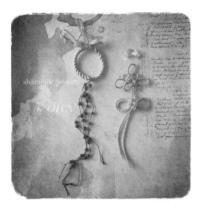

あ　菊理媛は一般的な読み方のとおり、「ククリヒメ」。縁と縁を「括る」姫と言われています。
「括る」とは、切り離された別々の何かを、再び一つにして、「新たなるもの」を生みだすこと。今回の旅でも経験したように、過去、現在、未来、そして人と神、生と死、現世と来世、命と魂という、次元すらも超えて一つに括り、そこに新たなるものを生みだしていく。それが菊理媛のご利益であり、今切れてしまっているイザナギさんとイザナミさんの縁を再び括るには、必要な力だと思ったんです
泰澄　…うむ。これなら申し分ない

泰澄さんはそう言うとともに、その「聖麻飾り」に手を当て

32話目　いざ黄泉の国へ

て、小さくご真言を唱え始めた。
そこに確かに、菊理媛の力が入った。そう感じた。

そうして僕らは、イザナギの鎮まる「伊弉諾神宮(いざなぎ)」へ到着した。

本殿に向かっていた、その時だった。
意外…と言えば、失礼なのかもしれないが、本殿の前で、イザナギさんがすでに僕らを待っていたかのように迎え入れてくれた。

あ　あ…
イザナギ　…用件はわかっている。…行こう…イザナミのもとへ…

これもまた僕自身が、恐怖を乗り越えたことの結果だろうか。
確かにこの時のイザナギさんの表情に、いつもの影はなく、どこか覚悟を決めたような男の顔が、印象的だった

あ ば、場所は…？

イザナギ …言わずとも、わかっているだろう。「黄泉の国の入り口」だ

あ で、でも…、黄泉の国って、どうやって入れば…？

ス 大丈夫や。あのうっとうしい、黄泉守人の言ってたことを忘れたか？

　かつて崩壊しそうになった、黄泉の国と現世の境目を括って閉じて食い止めたのは、「菊理媛」やぞ。菊理媛には、生と死、現世と黄泉の国をはじめ、「括る」ことによって境界を司り、外から来る魔や災いから、安全を守る道祖神としての力もあるから。黄泉の国の入り口を閉じることができるなら、開くこともできる。

スサノオさんがそう言った瞬間に、「聖麻飾り」がキラリと光り、菊理媛が優しく微笑んだ。そんな気がした。

イザナギ …行こう。イザナミのもとへ…

…。
……。
………。
…………。

そう言ったイザナギさんの握りしめた拳は、震えていた。
心なしか、足もとも震えているように見えた。
…しかし、もう後戻りはできない。僕もイザナギさんも、もう一人（柱）じゃないから。

32話目　いざ黄泉の国へ

旅の一番の目的は、目的地に達することではなく、その道中で得ることのできる、たくさんの思い出と仲間との出会い、そして自分自身の成長であるという。光と闇が交錯し続けたこの物語は、今日まで得てきた大きな光で、最後の最後に、最も大きな闇を照らし出す。

イザナギ　イザナミ…イザナミ…

33話目 イザナギとイザナミの和解

いよいよこの時が、やってきた。
この国を産んだ、この国の始まりの夫婦神、「イザナギとイザナミの和解」。

かつて愛し合っていたこの二柱の神は、不慮の事故によって、妻 イザナミが命を落とし、黄泉の国へ。

その存在の喪失を嘆き悲しんだイザナギが、黄泉の国まで後を追っていったものの、妻の変わり果てた姿に絶望し、逃亡をしてしまった。
そうして夫婦は、永遠の別れを強いられることとなった。
この誰もが知っている、日本神話の物語を書き換え、新たなる神話を作り出す。そのために今僕らは、当事者である神イザナギと共に「黄泉の国の入り口」、黄泉比良坂へやってきた。

心臓だけが大きく鼓動し、影狼と陽向が僕を守るために、ピッタリと寄り添うようにしながら、一歩ずつ、一歩ずつ、黄泉の国の入口へと向かう、僕らの前に…。
「黄泉の国の番人」、黄泉守人(よもつちもりびと)が、行く手を遮るように姿を現した。

33話目　イザナギとイザナミの和解

黄泉守人　…何をしに来た…？　弱き者どもよ…

黄泉守人のその言葉を意に介さず、僕らはまっすぐ前に進もうとした。

黄泉守人　…フンッ…。頭数が多ければ何とかなると思ったか。バカめっ!!

そう言った瞬間、闇の中から無数の黄泉守人が現れて、僕らの行く手を遮った。

イザナギ …どけ…
黄泉守人 ………？　クッ、クハハハハッ!!　貴様はイザナギ!!　かつて怖気づいて腰を抜かしていた男が、何を偉そうに…
イザナギ どけーっ!!!!

33話目　イザナギとイザナミの和解

僕らも驚くほどの、イザナギの一喝によって、瞬時に黄泉守人は全員、姿を消していった…。

あ　…こ、これは…？
泰澄　…これが闇はすべて幻想である…、その答えだよ…。
　恐ろしいと思えば、闇はどこまでも増幅していき乗り越えさえすれば、闇は瞬時に姿を消していく
イザナギ　………

…明らかに決意の違う男の顔をした、イザナギさんの後に続くように、僕らは「黄泉の国の入り口」の前に立った。

あ こ、ここからはどうすれば…？
泰澄 …例の依り代を…

泰澄さんのその言葉に僕は、この時のために用意した、菊理媛さんの依り代である、「聖麻飾り」を取り出した。

泰澄 では…

泰澄さんがそう言ってご真言を唱えだした、その瞬間に、聖麻飾りがキラキラと輝きだし、その場に菊理媛が姿を現した。

33話目　イザナギとイザナミの和解

それと同時に、菊結びで結んでいた聖麻飾りの結びが解け、二つに分かれたその瞬間、黄泉の国の入り口が、まるで大口を開けるように、真っ二つに裂け、錯覚なのか、現実なのか、一瞬にして僕の眼前に、闇の世界が広がった。

あ　…こ、これが黄泉の国…？

…漆黒の闇とはこのことだろうか。まるで何も見えない洞窟の中を、前へと歩もうとしたその時…。

イザナギが自身の頭に付いていた、櫛の歯を一本折り、そこに火を灯して、その火を目印に一歩ずつ、黄泉の国の奥深く

33話目 イザナギとイザナミの和解

へと歩き始めた。

場面は違えど、伝説で読んだこの光景を間近に見ながら、僕は同時に、イザナギさんのその表情に注目した。
…すごく大量の、汗をかいていた。…決して暑いからではない。恐いのだ。この先に待ち受ける闇の恐怖と、甦ってくる、かつて一度は逃げ出してしまったという、自身の過去と必死に闘いながら、イザナギさんは必死に前を向いて歩いていた。
…鼻につく腐った肉のような匂いと、時折聴こえてくる金切り声。
たとえ幻想だとしても、幻想とは思えないほどの闇の恐怖が、この身に迫り、そうして、こうもりが羽ばたく音と同時に、僕らの眼前に突如、黒い影とヘビが迫って来た。

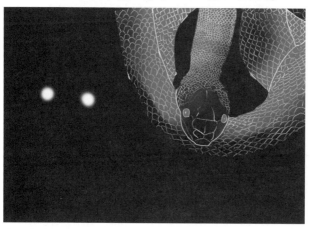

あ うあっ!!

そう言って、腰を抜かしそうになったその時…?
その隙をつくかのように、無数の影とヘビが迫って来た。

あ　うぁっ!!　うあぁぁぁぁっ!!
ス　バカたれっ!!　気をしっかり持てっ!!

黄泉の国中に轟くような、スサノオさんの大声が響き、一瞬にして、影とヘビを散らしていった。

ス　お前が折れたら、イザナギも折れるやろっ!!　まだそんなこともわからんのかっ!!　バカたれがっ!!
あ　はっ、はい…っ!　す、すいませんっ!!　イザナギさんっ、大丈夫ですかっ!?

33話目 イザナギとイザナミの和解

僕のその言葉にも、イザナギさんは視線を変えることなく、まっすぐに闇の中だけを見つめ、言葉を発した。

イザナギ　あぁ…、大丈夫…。大丈夫さ…

…何かがおかしい…。
イザナギさんの様子からそう思った、その時だった。イザナギさんの視線の先に、僕らはあるものを見た。
それはかつてイザナギさんが愛し、今もまだその存在を求め続ける、愛する妻、イザナミさんの姿だった
…そして、その姿は…、…醜かった…。

『古事記』での伝説どおり、その身は腐乱してウジ虫がたかり、腐臭とともに、全身から不気味な雷神が出現していた。

イザナギ …イザ…ナ…ミ…
イザナミ ………。来て…くれたのね…

…そうしてイザナギが、イザナミのもとへと近寄ろうにも、その変わり果てた姿以上に、近付けない「何か」があった。
…そう。
気付けば僕らの周りを、大量の黄泉醜女（よもつしこめ）（黄泉の国の化け物）が、囲い込んでいた。

徐々に囲われていく範囲が狭まっていく中、逃げ道は来た道を急いで戻るか、もしくはイザナミのもとへ、歩み寄るか。選択肢はその二つに一つしかなかった。
…しかし…、
このイザナミが、本物のイザナミである証拠がない。もし万が一このイザナミが、本当のイザナミでなかった場合、僕らも黄泉の国の住人に、永遠にされてしまうかもしれない…。

33話目　イザナギとイザナミの和解

…しかし…、もう迷っている時間はない。
進むか、退くか…。
やるか、やらないか。
逃げるか、逃げないか!!

警報が鳴るように、危機感が一気に全身を駆け巡る中、想像もしていなかった…、出来事が起きた…。
…イザナギは、僕らに背を向けて、僕らを置いて…、逃げだした…。

あ　そんな…そ、そんな…

…ここまで…ここまで…、来たのに…。今日までのすべての努力が、水泡に帰そうになったその時…。僕ら以上に…、嘆き悲しんだのは…、…イザナミだった…。
悲しみに沈み切った表情のあとに、イザナギを睨み据え、

イザナミ …許さない…。一度目ならず…二度も…。許さない…絶対に…絶対に許さない…

その言葉のあとに、金切り声なのか、獣の声なのか、それとも、これが妖怪の叫び声なのか。

明らかにこの世のものではない、叫び声を上げながら、イザナミは黄泉醜女と雷神を従えて、宙を舞ってイザナギを追った。
…その時だった。
イザナギは走りを止め、クルリと振り返ったその瞬間、

イザナギ …もう…逃げない…

確かにハッキリとそう言葉にすると、物凄い勢いで向かって来ていたイザナミを、負けないぐらい強い力で、抱き締めた。

33話目 イザナギとイザナミの和解

…と同時に、その手に持っていた、『古事記』にも書かれているとおり、古来、邪気を祓う効果があると言われている、桃の実を黄泉醜女と雷神たちに、投げつけた。

黄泉醜女　ぎぇぇぇぇぇぇぇぇ!!!!

その瞬間、まるで神話そのままに、黄泉醜女と雷神は蜘蛛の子を散らすように、離れていき、消滅していった。

まだ何が起きているのかわからない僕らも、気が動転した状況の中、イザナギはイザナミを抱き締めながら、その耳元で強く言った。

イザナギ　…イザナミ…っ!!　もう…離さないっ!!　君をもう二度と…離さないっ…!!

…その言葉の直後だった。

抱きしめられていたイザナミの身体が、黄泉の国をも照らすほどに大きく光り輝き、その姿は元の美しい、イザナミへと戻っていった。

イザナミ あ…、あなた…
イザナギ イザナミっ!!　イザナミっ!!!!
イザナミ ど、どうして…？
イザナギ …ずっと、ずっと…会いたかった…。ずっとこうして、抱きしめていたかった…。永く待たせて、ごめんっ…ごめんっ…。俺が弱かったばっかりに…。俺が弱かったばっかりに…っ!!　うぅっ…うぅぅぅぅぅぅ…っ!!

33話目 イザナギとイザナミの和解

…闇の恐怖とは、自らの心の幻想である。その幻想は時に、神の存在すらも、強く奈落の底へと縛りつける。
しかし，その幻想に打ち勝つ心を持ち、そっと優しく、いつもと変わらない笑顔と優しさで、手を差し伸べることができたなら、闇はその者が発する光に照らされて、姿を消していく。

今イザナギは光となり、イザナミを包み込む闇を消滅させた。
そこに現れたのは、出会った時と変わらない、二柱の神の「愛」だった。

イザナギ …さぁ、一緒に帰ろう。みんなも待っている
イザナミ …は、はいっ！ …はいっ!!

…美しい涙だった。現世に向かって、寄り添い歩く、二柱の神からは、その全身から絶えまなく光が溢れ出し、黄泉の国全体を照らし出したその道は、まさしく「光の道」だった。もう終わることのない、永遠の幸せへと続く、眩いばかりの道だった。

そうして、黄泉の国の出口を出て、菊理媛が再び、現世と黄泉の国の境目を閉じた時、僕らを迎えてくれたのは、同じように眩しいほどの現世の光だった。

33話目 イザナギとイザナミの和解

ス お〜！ 天照の姉やんも歓迎してくれてるわ〜‼

イザナミ スサノオ…。お前はいつも家族のことを考えてくれて…。…ありがとう…

ス なぁにを言うとるか‼ 礼を言うなら、このハゲ頭（荒川祐二）に言えっ！ これは神と実体のある人間のタッグやからこそ、成し遂げられることや！ なぁ、相棒⁉

あ …いや、もう…本当に…。僕なんかがこんな場にいて良いんでしょうか、という思いしかございません…（笑）

イザナミ フフッ…

イザナギ スサノオと仲良くしてくれて、ありがとう…

ス それにしても親父（イザナギ）、さすがやったな。感心したわ。お前（荒川祐二）、わかったか？

あ 何がでしょう？

ス さっきイザナギが、自分だけで逃げたと、一瞬思ったやろ？ あれは、親父なりの作戦やったということや

あ ど、どういうことでしょう？

ス あの時、あのイザナミは本物か偽物か、わからなかった。しかし自分が逃げれば、偽物ならば自分だけを追ってくることはない。なぜなら周りには他の獲物である、お前（荒川祐二）たちもいてたからや。しかし、追ってきた。ということはあのイザナミは本物であり、同時に自分だけに敵を引き付けることによって、俺たちの身の安全を図るとともに、桃で一網打尽にした。我が父親ながら、見事な判断やった

あ あ、あんな一瞬で、そこまでの判断があったなんて…

ス それでこそ、俺、俺、俺の親父

イザナギ おい、やめてくれ、恥ずかしい。…まぁでもあの時すでに、イザナミであることは確信していたさ。姿形がどう変わろうとも、愛する妻のことを忘れるわけがない

イザナミ …あなた…

ス ………。それもそれとしてや！ お祝いするぞ、お祝い!!

あ お祝い？

ス おうよっ!! イザナギとイザナミの、再婚の祝いやっ!! 結婚式をするぞっ!!

あ お、いいね〜！ パ〜っと行きますか！ …でも、どこで？

33話目　イザナギとイザナミの和解

ス　決まっとるがな!!　イザナギとイザナミが、初めて愛を育んだ、「あの場所」やっ!
あ　「初めて愛を育んだ、あの場所」…?　あぁっ!　あの場所ね!　了解しました☆
　　ちなみに泰澄さんたちは…?
泰澄　参加させていただくさ。もちろん菊理媛も…

…。
……。
………。
…………。

…言葉にできないほどの感動と、いよいよ終わってしまうという寂しさとともに、僕らの旅が幕を閉じようとしている。
この旅が、最高な形で幕を閉じる、そのために。「イザナギとイザナミ」、二柱の神の新たなる門出を、みんなでお祝いに行こう。
再び括られ、結ばれた縁が、二度と切れることのないように。

イザナギ。

イザナミ。

ではなく、「イザナギとイザナミ」として、

33話目　イザナギとイザナミの和解

僕らの心に二柱の神が、いつまでも、生き続けていくように。

最終話　永遠の祝福を

最終話 永遠の祝福を

旅が終わる。
思えば父の死から半年にも及ぶ、長い旅だった。

「父の魂の行く末を知りたい」と思い、「生と死を司る伝説の女神 菊理媛」を求めて始まったこの旅は、その旅の道中で、様々な歴史の因縁や、未だ解決されていなかった神々の和解を経て、

思いもがけず、壮大な旅へと、進化をしていった。

最終話　永遠の祝福を

今、思うこと。

やはり神さまたちは、僕ら人間がこうして、意志を持って動き出すことを待ってくれている。

実体がない神様だから、いつの時だって、こうして現世に生きる僕たちが、神さまの代わりをして動き出す時、そこに信じられないようなご縁を用意してくれて、この旅のように、まるで導かれるままに、見たこともない景色や、信じられないような未来へと、僕らを連れて行ってくれる。

そこにあるのは、神と人、どちらか一方ではなく、「神と人」の共同作業。
神を無くして、人は無し。人を無くして、神は無し。
僕ら人間と神さまは、いつだって共にある。
そう思わせてくれる奇跡がたくさん起きた、本当に夢のような旅だった。

最終話　永遠の祝福を

この日僕らは、この旅を最高な形で終えるために、ある場所へと向かった。

それはかつて、イザナギとイザナミが初めてこの地に降り立ち、国産みを行った「おのころ島」と伝えられている、伝説の島「沼島」。

僕らがこの旅の最後に、この地を選んだ理由。それはイザナギとイザナミの、二柱の神の再びの結婚式を行うためだった。

かつてイザナギとイザナミは、この遠くにそびえる、天をも支えるほどの「天御柱」を、お互いが半周ずつまわり、そう

最終話　永遠の祝福を

して出会ったその場所で愛を誓い合い、国を産む儀式を行ったという。

そのすべての始まりの場所で、再びの『始まり』を告げるために。
遠く天御柱を望むその場所に、僕は今回再び、イザナギとイザナミの仲を取り持った、菊理媛の力が入った「聖麻飾り」と一緒に、お祝いの花束を供えた。

そこに…。
真っ白な衣装に身を包んだイザナギと、そして同じように、

最終話　永遠の祝福を

白無垢に身を包んだ花嫁 イザナミが姿を現した。

そうして二柱の神は、僕らが見守る中、『古事記』の伝説そのままに、ゆっくり、ゆっくりと、再び天御柱をお互いが半周ずつ回り、そうして再び出会った、その場所で愛の言葉を授け合った。

最終話　永遠の祝福を

イザナギ　………。…何て、素敵な姫君だ‼

イザナギのその言葉に対して、イザナミもまた言葉を返す。

イザナミ　………。な、何て…何て…、素敵な…

永遠とも思える、闇の中で過ごしてきた時間の記憶と、まさか再び、この日を迎えることができたことへの、感動と喜びだろうか。
イザナミは途中、涙を溢れさせ、何度も何度も、言葉を詰まらせた。

イザナミ …うっ、うっ…。うっ…うっ…

下を向いて言葉にならないイザナミを、イザナギも、僕らも、ただ見守った。
ただ、ただ、見守った。

イザナギ ………。…イザナミ…
イザナミ ………？

イザナギ …長い間、つらい思いをさせて、すまなかった…。でもこれからは、ずっと一緒だ…。ずっと…
イザナミ …うっ、うぅっ…‼

イザナギのその言葉に、堰を切ったように、イザナミは涙を溢れさせ、嗚咽を漏らした。そして目に涙を溜めたそのままに、イザナギに言葉を届ける。

イザナミ 何て…、何て…素敵な、殿方でしょう…

そうしてイザナミは、イザナギのもとへと寄り添い、そんなイザナミをまたイザナギも、優しく受け止め、抱きしめた。
そんな二柱の神の姿は、美しかった。ただ、ただ、美しかった。

最終話　永遠の祝福を

「おめでとう」。

その言葉とともに、イザナギとイザナミの、再びの結婚式を終えて、次に僕らが向かったのは、同じ島内にあるイザナギとイザナミを主祭神とする「自凝神社」。

ここで僕らは、再び括られたイザナギとイザナミのご縁が、もう二度と離れることのないように、菊理媛の力が入った聖麻飾りを、本殿の奥に鎮座するイザナギとイザナミの像に括りつけ、そこに泰澄さんがご真言を唱え、僕らも最後の祈りを込めた。

最終話　永遠の祝福を

魂に終わりがないように神さまの物語もまた、決して過去に済んだだけの物語ではなく、常に「今」を生き続ける僕らの心がある限り、新しい神話はこうして作り続けられていく。

イザナギとイザナミ。
一度は離れていったご縁かもしれないけど、今度は違う。

こうして見守る僕らがいる限り、仲の良い二柱の神を想い、祝福し、祈りを届け続ける僕らの心がある限り、イザナギとイザナミは、二度と引き裂かれることのない、永遠の愛のもと、寄り添い合い、多くの人々に祝福された、新しい神話の中で共に生き続けていく。
そうしてまた、そんな僕らの人生を見守るように、亡くなった大切な人たちの魂も、僕らと共に、永遠を生き続けていく。
新しい物語を、たくさんの思い出を、たくさんの幸せをこの人生に作り出し、その人生の始まりも、その人生の道中も、その人生の終わりも、そのすべてを、『祝福』し続けていくために。

神も人も、大切な人のその魂も、すべてが「一つ」としてこれからの未来を生きていく。
終わりなき、「祝福」とともに
いつまでも、
いつまでも…。

最終話　永遠の祝福を

荒川祐二（あらかわゆうじ）

1986年3月25日生まれ
上智大学経済学部経営学科卒
作家・小説家として、これまでに様々なジャンルの本を上梓。
2017年3月から始まった、『神さまと友達になる』というブログでは、古事記の物語や日本の神々の歴史やその姿をコミカルに伝え続け、わずか半年で1日最高5万アクセス、月間アクセス100万を突破する人気ブログとなる。
『家にスサノオが棲みつきまして…』や全国の知られざる神々を巡る旅などの人気シリーズや、また古事記を原作とした舞台『八百万の神喜劇』を全国各地で開催するなど、今も日本の神さまに関連した人気コンテンツを生み出し続けている。
著作に『神訳 古事記』（光文社）、『神さまと友達になる旅』、『スサノオと行く 瀬織津姫、謎解きの旅』（共にVOICE）など12冊。

荒川祐二オフィシャルブログ『神さまと友達になる』
https://ameblo.jp/yuji-arakawa/

参考文献
『被差別民とその部落の起こりと歴史―被差別部落法制史と人権』
山中順雅 著　国書刊行会
『天皇制と部落差別 権力と穢れ』上杉聰 著　解放出版社
『白山信仰の謎と被差別部落』前田速夫 著　河出書房新社
『入門 白山信仰―白山比咩の謎に迫る』内海邦彦 著　批評社
『道教の世界（講談社選書メチエ）』菊地章太 著　講談社
『ペンブックス4 神社とは何か？お寺とは何か？（Pen BOOKS）』
ペン編集部（著、編集）、武光誠（監修、監修）　CCCメディアハウス
『史上最強の哲学入門 東洋の哲人たち』飲茶 著　河出書房新社
『被差別部落の民俗と伝承』本田豊　著　三一書房
『被差別部落とは何か』喜田貞吉 著　河出書房新社
『精霊の王』中沢新一 著　講談社
『余多歩き―菊池山哉の人と学問』前田速夫 著　晶文社
『楢山節考』深沢七郎 著　新潮社

※本作品は上記の資料からの考察と、現地を見て、著者自身が得た独自の観点から描かれた物語です。

Special Thanks
加島和美様、相良智惠子様、簾陽子様、大六野茉樹様、永吉未來様、伏谷茂雄様・瞳様、山本時嗣様、渡辺眞佐江様（五十音順）

※スサノオさんのイラストは宮崎県がWeb上で提供する『ひむか神話街道 第5話』より、著作権者の許可のもと、参考に描いたものを使用させて頂いております。

スサノオと行く
生と死の女神、菊理媛(ククリヒメ)を巡る旅

2019年2月10日　初版1刷発行

著　　者　　荒川祐二

装　　幀　　三宅理子
イラスト　　AYUMI
作家プロデュース　山本時嗣
制作協力　　菊田信子

発　行　者　　大森浩司

発　行　所　　株式会社 ヴォイス 出版事業部
　　　　　　〒106-0031 東京都港区西麻布3-24-17 広瀬ビル
　　　　　　☎0120-05-7770（通販専用フリーダイヤル）
　　　　　　☎03-5474-5777（代表）
　　　　　　☎03-3408-7473（編集）
　　　　　　📠03-5411-1939
　　　　　　www.voice-inc.co.jp

印刷・製本　　株式会社光邦

落丁・乱丁の場合はお取り替えします。
禁無断転載・複製
© Yuji Arakawa 2019 Printed in Japan.
ISBN978-4-89976-488-5

ヴォイスグループ情報誌
「Innervoice」
会員募集中！

1年間無料で最新情報をお届けします！（奇数月発行）

主な内容
- 新刊案内
- ヒーリンググッズの新作案内
- セミナー＆ワークショップ開催情報　他

お申し込みは ✉ **member@voice-inc.co.jp** まで
☎ 03-5474-5777

最新情報はオフィシャルサイトにて随時更新!!

📱 www.voice-inc.co.jp/ （PC&スマートフォン版）
📱 www.voice-inc.co.jp/m/ （携帯版）

無料で楽しめるコンテンツ

f facebookはこちら
☞ www.facebook.com/voicepublishing/

✉ 各種メルマガ購読
☞ www.voice-inc.co.jp/mailmagazine/

グループ各社のご案内

- 株式会社ヴォイス　　　　　　　　　☎03-5474-5777（代表）
- 株式会社ヴォイスグッズ　　　　　　☎03-5411-1930（ヒーリンググッズの通信販売）
- 株式会社ヴォイスワークショップ　　☎03-5772-0511（セミナー）
- シンクロニシティ・ジャパン株式会社　☎03-5411-0530（セミナー）
- 株式会社ヴォイスプロジェクト　　　☎03-5770-3321（セミナー）

ご注文専用フリーダイヤル
📞 **0120-05-7770**

VOICE